海天
财经

《大财五年》、《长捂不放》作者最新力作
一本教你在中国伟大投资时代守望伟大蓝筹、享受资本增值大红利的图书

# 伟大投资时代
# 的 价值守望

## ○翻寻中国伟大的蓝筹股○

程超泽◎著

# The Watchers for the Value Investment
# Towards the Great Blue Chip Stocks in China

海天出版社

**图书在版编目（CIP）数据**

伟大投资时代的价值守望：翻寻中国伟大的蓝筹股／
程超泽著.—深圳：海天出版社，2007.3
ISBN 978-7-80747-156-1

Ⅰ.伟… Ⅱ.程… Ⅲ.股票－证券投资－研究－中国
Ⅳ.F832.51

中国版本图书馆 CIP 数据核字(2007)第 200369 号

责任编辑　张绪华(Email:zxh@htph.com.cn)
责任技编　钟愉琼

---

出版发行　海天出版社
地　　址　深圳市彩田南路海天大厦　（518033）
网　　址　www.htph.com.cn
订购电话　0755-83460137(批发)　83460397(邮购)
经　　销　新华书店
设计制作　深圳市海天龙广告有限公司　Tel:83461000
印　　刷　湖南省地质测绘印刷厂
开　　本　787mm×1092mm　1/16
印　　张　14.375
字　　数　200千
版　　次　2008年4月第1版
印　　次　2008年4月第1次
印　　数　1—10000册
定　　价　35.00元

---

# 序　言

●中国股市还处在长期繁荣的山腰上。

●建议投资者长期关注在长牛市道里人民币升值这根主线条。这正是本轮长牛市里最大、也是最根本的动因。

●一旦认定中国股市长牛市格局，坚决做一个中国价值投资的麦田守望者。

　　每一次市场的调整都会引来投资者的恐慌，"高处不胜寒"也成了当下股评用得最多的一个热门词汇。大凡在调整市道里，投资者提出的最多的一个问题就是：行情是否到头了？

　　认识中国迄自 2005 年年底以来的这轮超级长牛市趋势，有几条脉络清晰可辨：其一，站在宏观层面，中国正昂首步入新一轮的由世界工业制造基地进程加速、城市化进程加速以及国内庞大市场消费升级进程加速引发的经济增长长周期。这个周期受中国人口因素的影响，至少还将持续 15 年左右。其二，站在微观层面，在中国经济持续高速向好的宏观背景下上市公司盈利的强劲增长势头，以及股权分置后上市公司估值水平的急速提高。2007 年半年报准确无误地显示出整体业绩继续处在高增速水平上（70% 以上）。这样的高增长的年报，放在全球任何一个股市里，必涨无疑。第三，

站在中国入世后对外开放的历史高度看，人民币资本项目将长期大幅升值。第四，站在统观层面看，由中国宏观经济长期向好引发的对人民币长期升值的预期，正好和国内外流动性泛滥、资本充裕相耦合，从而导致国内外庞大资本大举进入中国股市。国际上，由于美国次级贷款风暴以及美元长期贬值态势，使原本长驻的巨额国际资本从美国流出，加剧了中国资本市场流动性泛滥的局面。这一趋势至少在未来几年内无法改变，不管中国证券会高层怎样用心良苦，试图引流泛滥资金，其作用将是杯水车薪。以上四条推升中国股市的主线条在目前尚处在进行时状态，四条主线中的任何一条都足以激发中国股市向上的不断攀升，更遑论到了现在，这四条主线已交织、黏合在一起，从而产生出巨大的合力共振。

结论：

——中国股市还处在长期繁荣的山腰上。认识这一点非常重要，因为以什么样的视野和高度去看待中国这轮长牛市格局，将决定投资者今后财富的多少和生活的幸福与否。在长牛市道和巨大财富效应面前，任何裹足不前和优柔寡断，只会使投资者坐失一生中最好的历史性投资机遇！如果我这一个带着猜测性的结论是正确的话，那么，现在投资中国资产仍然正当其时。

——真正认清这轮超级长牛市因何而起，其主轴又是什么。本书稿作者建议投资者长期关注在长牛市道里人民币升值这根主线条。这正是本轮长牛市里最大、也是最根本的动因。2007年4月10日，美国投资大师罗杰斯甚至语出惊人地预测，在未来20年，人民币对美元的升值可能高达500%。相比2005年7月21日中国开始汇率机制改革以前的水平，目前人民币对美元汇价累计升幅只有7%左右，和罗杰斯猜想的500%的升值率相比，7%微乎其微。人民币升值将全面提升以人民币计价的资产价值，比如拥有人民币资产的房地产、拥有矿山资源的煤炭、金融业和拥有地产资源的商业企业；外汇负债率比较高的企业，如航空、贸易等；以及原材料或零部件进口占比较高的行业，如造纸、钢铁、轿车、石化、航空等。在人民币升值的大背景下，我们特别看好银行股。如果投资大师罗杰斯的上述预言能够兑现，那么专门经营人民币的银行所产生的溢价将会是多么巨大！

——一旦认定中国股市长牛市格局，坚决做一个中国介值投资的麦田守望者，虽然守望是孤独的，有时甚至是十分磨人的。用巴菲特的投资眼光和选股原则，精选长牛市里能获益十倍，甚至更多倍数的大牛股，然后在价格相对低估或调整市里股价相对低点的时候不失时机地坚决买进。一旦买入，就长久地照看并集中持有的那几只股票。只要中国股市不发生系统性风险，保持投资组合至少几年不变。可能的话，持股越久越好。同时做好充分的心理准备，用平常心看待长牛市途中的任何涨涨跌跌，始终不被短期股价波动所左右。

——如果坚决遵循价值投资理念，注重投资过程，享受长期成

●一旦认定中国股市长牛市格局，坚决做一个中国价值投资的麦田守望者。

●建议投资者长期关注在长牛市道里人民币升值这根主线条。这正是本轮长牛市里最大，也是最根本的动因。

●中国股市还处在长期繁荣的山腰上。

程超泽·序言

序言　3

果，等到一二十年后，当我们站在中国股市的山峦之巅，感叹"会当凌绝顶，一览众山小"的时候，我们一定会庆幸当年自己的投资正好处于中国新一轮经济增长周期的开始和股市长牛的起点；由于坚决不离不弃采用英明而富有远见的价值投资策略，我们手中的股票早已成倍，几倍，十几倍，甚至数十倍地增长。而今，自己也早已因为股价的倍乘效应而成为中国长牛市的最大赢家，现在正幸福快乐地的生活着，享受着人生。

　　然而，长牛市道里，就在少数投资人群采用价值投资法则理念时，更多的投资者却在规划其股票投资组合时所花的时间甚至还不如会一个客、做一顿饭、度一次假，或买一件衣服的时间长。报章杂志诸如"当前十大好股"等的标题，轻而易举地就成功诱导了短线投资大众做出轻率投资买卖的决定。市场分析师更是工于心计让投资人换股票比换舞伴还快。而中国股市过去十多年来不断反复震荡的多空头市场氛围，早已使投资者形成了"短线投资"的单一思维模式，他们认为没有必要花更多时间去进行小心翼翼的股市研究，而他们唯一要做的就是花钱将股票买入，等待短时间内股票的上涨和获利。这种增长型投资法多年来在中国股市一直大行其道，配合增长型投资法的必然是各类小道消息、假信息、谣言的漫天飞舞。然而，就像人类所有的坏习惯可能导致不幸后果一样，由错误投资理念给中国投资者带来的金融悲剧在过去一再重演。更可悲的是，当灾难过后不久，投资者又故态复萌，很快忘记了刚发生过的金融悲剧，照样周而复始地从事新一轮的短线投资行为。

中国股市的投资理念太需要正本清源。他山之石，可以攻玉。早已在世界发达国家盛行的价值投资法则给中国广大投资者提供了不可多得的宝贵经验。价值投资法则（Value Investing）是20世纪30年代中期产于美国，由格雷厄姆创立，巴菲特集大成取得了极大成功的一种投资哲学和投资策略，并已被世界上众多最伟大的投资大师，如沃伦·巴菲特（Warren Buffett）、沃尔特·施洛斯（Walter Schloss）、马里奥·嘉伯礼（Mario Gabelli）、迈克尔·普赖斯（Michael Price）、约翰·内夫（John Neff）、约翰·坦普尔顿（John Templeton）等，屡试不爽的一种经典投资法则。如果将价值投资法则简化，它们就是：选择长期获利高于市场平均水平的绩优股，将资金重押在几只这样的股票上，不论短期股市如何震荡，都对自己所持的股票长抱不放。这正是本书稿要正本清源的关键所在。

本书概述价值投资法则内涵，分析价值投资成功案例，预测价值投资的中国背景，配置价值投资核心组合。本书旨在告诉读者：遵循价值投资法则，在伟大的中国投资时代买进中国最伟大的投资标的；用支付合理低价和长捂不放的方式提高投资利润，降低投资风险；运用价值投资法则点石成金，坐享其成。这是一本在中国长牛市和大震荡市道里不可不读的投资理财的必备参考工具书。

程超泽·序言

● 中国股市还处在长期繁荣的山腰上。
● 建议投资者长期关注在长牛市道里人民币升值这根主线条。这正是本轮长牛市里最大、也是最根本的动因。
● 一旦认定中国股市长牛市格局，坚决做一个中国价值投资的麦田守望者。

# 目　录

Index1

# 第一章
## 定义价值投资

　　20世纪全球有两次规模巨大的金融风暴：第一次是起源于1929年世界经济大危机带来的股票市场大崩盘；第二次发生在1973年到1974年间世界石油危机和随后的股票市场的空头走势。和第一次金融风暴相比，第二次并非因单日股票市场崩跌造成，其对美国家庭财富的负面影响也没有第一次那么全面而深刻，所以不是所有经历过那段日子的人都有相同的惨痛回忆。但是，对于金融专业人士来说，20世纪70年代中期的那次金融风暴的影响绝对不会亚于第一次，因为它是一次慢性的摧残过程，投资亏损面的扩大似乎永远没有停止。股票市场价格整体下跌超过60%，就连保守的公债投资人的财富也大幅蒸发；利率水平和通货膨胀涨幅飙高到两位数；油价高居不下；房屋分期贷款价格高得连中产阶级都无法承受，而当时的股票市场行情也坏到使基金经理人开始怀疑自身的投资策略是否出了问题。这直接导致了现代投资组合理论的诞生，成为现代投资理财的理论奠基过程中的重要转折点。

　　价值投资的理论奠基人是美国的本杰明·格雷厄姆。他在1934年出版的《证券分析》一书，被尊为基本分析方法的"圣经"。本杰明·格雷厄姆在他的名著《证券分析》书中指出，普通股票的价值是由四个因素决定：（1）分红比率；（2）盈利能力；（3）资产价值；（4）P/E值。格雷厄姆的学生沃伦·巴菲特（Warren Buffett）后来成了他价值投资四因素的最忠实执行者，全球最成功的价值投资者，在投资界享有"股神"的美称。

## 价值投资之父本杰明·格雷厄姆

可以这么说，几乎所有的价值投资策略最终都要归根于本杰明·格雷厄姆（Benjamin Graham，1894～1976年）的思想。纽约证券分析协会强调："格雷厄姆对于投资的意义就像欧几里得对于几何学、达尔文对于生物进化论一样的重要。"沃沦·巴菲特作为格雷厄姆的学生兼雇员对格雷厄姆更是佩服得五体投地，他说："除了我的父亲之外，格雷厄姆给我的影响最大"，"格雷厄姆的思想，从现在起直到100年后将会永远成为理性投资的基石。"

本杰明·格雷厄姆1894年5月9日出生于伦敦。在他还是婴儿的时候，伴随着美国的淘金热潮，随父母移居纽约。

1914年夏天，格雷厄姆来到纽伯格·亨德森·劳伯公司做了一名信息员，主要负责把债券和股票价格贴在黑板上，周薪12美元。虽然这份工作是纽约证券交易所最低等的职业之一，但纽伯格·亨德森·劳伯公司给格雷厄姆提供了一个很好的实践与训练场所，才使这位未来的股票大师开始全面熟悉证券业的一整套经营管理知识，了解了包括证券买卖程序、行情分析、进货与出货时机、股市

本杰明·格雷厄姆(Benjamin Graham)

● 如果总是做显而易见或大家都在做的事，你就赚不到钱。

● 每个人都知道，在市场交易中大多数人最后是赔钱的。

● 投资者要以购买整家公司的态度来研究一种股票。

环境与股市人心等在内的实际运作方法。公司老板纽伯格经过仔细观察，发现格雷厄姆身上蕴藏着巨大的潜力与才干。不久，格雷厄姆就被提升为证券分析师。

1915年9月，格雷厄姆注意到一家拥有多家铜矿股权的矿业开发公司——哥报海姆公司，该公司当时的股价为每股68.88美元。格雷厄姆在获悉该公司即将解散的消息后，通过各种渠道收集这家公司的有关资料，对这家公司的矿产和股价进行了详尽的技术分析，发现了该公司尚有大量的不为人知的隐蔽性资产，通过计算，格雷厄姆准确地判断出该公司股票的市场价值与其实际资产价值之间有一个巨大的价差空间。他认为投资该公司的股票将会带来丰厚的回报，建议纽伯格先生大量买进该股票。纽伯格先生接受了格雷厄姆的建议。当1917年1月哥报海姆公司宣布解散时，纽伯格·享德森·劳伯公司从这笔买卖中赚取了数十万美元的利润，其投资回报率达18.53%。

1920年，格雷厄姆又荣升为纽伯格·享德森·劳伯公司的合伙人。他继续通过实践积累更多的经验。随着他的一个又一个辉煌的胜利，他的投资技术和投资理念日渐成熟。在格雷厄姆看来，投机并不是一项好的投资，因为投机是建立在消息上面的，其风险非常高。当股价已升至高档的上端时，很难说哪一只股票没有下跌的风险，即便是绩优股也不例外。所以，从严格的意义上来讲，基于事实本身的投资和基于消息的投机，两者所蕴涵的风险是截然不同的。如果一家公司真的营运良好，则其股票所含的投资风险便小，其未来的获利能力一定比较高。同时，格雷厄姆还认为，风险在股市上是永远存在的，没有风险就没有股市，任何一个投资者要想成功，均需依靠行之有效的技巧来规避风险并进而获利。

1923年年初，格雷厄姆离开了纽伯格·亨德森·劳伯公司，成立了格兰赫私人基金，资金规模为50万美元。格雷厄姆在处理投资项目的同时，不断地在投资刊物上发表关于财经问题的文章，文章内容几乎涵盖了整个投资领域。文章文字精炼，且有独到的见解，深受读者好评。格雷厄姆试图通过在实践中对投资市场的观察、研究、分析，得出投资市场的规律性结论。为了便于将自己的观点形成理论，格雷厄姆决定开山立说，在其有关投资理论的讲授中整理、完善自己的理论。格雷厄姆选择在自己的母校哥伦比亚大学开设"高级证券分析"讲座。在讲座中，他不仅讲授如何区分债券与股票的不同方面，更重要的是讲授如何运用价值指标、赢利指标、财务指标、债务指标、背景指标来对一个公司的资产、价值、财务状况等方面进行评估，证明其股票的投资潜力和投资风险。这些内容已涉及了格雷厄姆学说的基本方面，实际上他的证券分析理论框架已粗具雏形。

1929年，美国爆发战后经济大危机。格雷厄姆在华尔街惨遭重创和苦苦支撑的时期，也正是他关于证券分析理论和投资操作技巧日渐成熟的时期。1934年年底，格雷厄姆终于完成他酝酿已久的《有价证券分析》这部划时代的著作，并由此奠定了他作为一个证券分析大师和"华尔街教父"的不朽地位。

格雷厄姆经常扮演着先知的角色，为了避免投资者陷入投资误区，格雷厄姆在他的著作及演说中不断地向投资者提出下列观点：

本杰明·格雷厄姆（Benjamin Graham）

如果总是做显而易见或大家都在做的事，你就赚不到钱。

每个人都知道，在市场交易中大多数人最后是赔钱的。

投资者要以购买整家公司的态度来研究一种股票。

1．做一名真正的投资者。格雷厄姆认为，虽然投机行为在证券市场上有它一定的定位，但由于投机者仅仅为了寻求利润而不注重对股票内在价值的分析，往往容易受到"市场先生"的左右，陷入盲目投资的误区，股市一旦发生大的波动常常使他们陷于血本无归的境地。而谨慎的投资者只在充分研究的基础上才作出投资决策，所冒风险要少得多，而且可以获得稳定的收益。

2．注意规避风险。一般人认为在股市中利润与风险始终是成正比的，而在格雷厄姆看来，这是一种误解。格雷厄姆认为，通过最大限度地降低风险而获得利润，甚至是无风险而获利，这在实质上是高利润；在低风险的策略下获取高利润也并非没有可能；高风险与高利润并没有直接的联系，往往是投资者冒了很大的风险，而收获的却只是风险本身，即惨遭亏损，甚至血本无归。投资者不能靠莽撞投资，而应学会理智投资，时刻注意对投资风险的规避。

3．以怀疑的态度去了解企业。一家公司的股价在其未来业绩的带动下不断向上攀升，投资者切忌盲目追涨，而应以怀疑的态度去了解这家公司的真实状况。因为即使是采取最严格的会计准则，近期内的盈余也可能是会计师所伪造的。而且公司采用不同的会计政策对公司核算出来的业绩也会造成很大差异。投资者应注意仔细分析这些新产生的业绩增长是真正意义上的增长，还是由于所采用的会计政策带来的，特别是对会计报告的附注内容更要多加留意。任何不正确的预期都会歪曲企业的面貌，投资者必须尽可能准确地作出评估，并且密切注意其后续发展。

4．当怀疑产生时，想想品质方面的问题。如果一家公司营运不错，负债率低，资本收益率高，而且股利已连续发放了一些年，那么，这家公司应该是投资者理想的投资对象。只要投资者以合理的价格购买该类公司股票，投资者就不会犯错。格雷厄姆同时提醒投资者，不要因所持有的股票暂时表现不佳就急于抛弃它，而应对其保持足够的耐心，最终将会获得丰厚的回报。

5. 规划良好的投资组合。格雷厄姆认为，投资者应合理规划手中的投资组合，一般手中应保持25%的债券或与债券等值的投资和25%的股票投资，另外50%的资金可视股票和债券的价格变化而灵活分配其比重。当股票的赢利率高于债券时，投资者可多购买一些股票；当股票的赢利率低于债券时，投资者则应多购买债券。当然，格雷厄姆也特别提醒投资者，使用上述规则只有在股市牛市时才有效。一旦股市陷入熊市时，投资者必须当机立断卖掉手中所持有的大部分股票和债券，而仅保持25%的股票或债券。这25%的股票和债券是为了以后股市发生转向时所预留的准备。

6. 关注公司的股利政策。投资者在关注公司业绩的同时，还必须关注该公司的股利政策。一家公司的股利政策既体现了它的风险，又是支撑股票价格的一个重要因素。如果一家公司坚持了长期的股利支付政策，这表示该公司具有良好的"体质"及有限的风险。而且相比较来说，实行高股利政策的公司通常会以较高的价格出售，而实行低股利政策的公司通常只会以较低的价格出售。投资者应将公司的股利政策作为衡量投资的一个重要标准。

格雷厄姆是一个比较谦虚的人，当他的追随者对他的著作奉为经典时，他却一再提醒其追随者，在股票市场中，赚钱的方法不计

本杰明·格雷厄姆 (Benjamin Graham)

● 如果总是做显而易见或大家都在做的事，你就赚不到钱。

● 每个人都知道，在市场交易中大多数人最后是赔钱的。

● 投资者要以购买整家公司的态度来研究一种股票。

其数，而他的方法不过是其中之一。

随着格雷厄姆操作策略和技巧的日益精熟，格雷厄姆再也不会犯与1929年同样的错误了。当格雷厄姆发现道·琼斯工业指数从1942年越过历史性的高位之后，即一路攀升，到1946年已高达212点时，他认为股市已存在较大的风险，于是将大部分的股票获利了结，同时因为找不到合适的低价股，也没有再补进股票。此时的格雷厄姆几乎已退出市场。这也使得格雷厄姆因此而躲过了1946年的股市大灾难，使格雷厄姆——纽曼公司免遭损失。一个伟大的投资者之所以伟大，并不在于他能永远保持长盛不衰的记录，而是在于他能从失败中吸取教训，不再去犯同样的过错。格雷厄姆正是这样一个伟大的投资者。格雷厄姆认为，一个真正成功的投资者，不仅要有面对不断变化的市场的适应能力，而且需要有灵活的方法和策略，在不同时期采取不同的操作技巧，以规避风险，获取高额回报。格雷厄姆在股市投资中坚持不懈地奉行自己创立的理论和技巧，并以自己的实践证明了其理论的实用性和可操作性。其对政府员工保险公司股票的操作，成绩斐然，令投资者欣喜若狂，成为格雷厄姆投资理论成功的经典案例。

他依靠自己的努力和智慧所创立的证券分析理论影响了一代又一代的投资者。他所培养的一大批弟子，如沃伦·巴菲特等人在华尔街异军突起，成为一个又一个的新投资大师，他们将继续把格雷厄姆的证券分析学说发扬光大。

# 巴菲特：价值投资的一生实践

　　沃伦·巴菲特被喻为"当代最成功的投资者"。在历史上伟大的投资家中，巴菲特以他敏锐的业务评估技术引人注目。石油大王约翰·D·洛克菲勒、钢铁大王安德鲁·卡内塞和软件大王比尔·盖茨都有一个共同特点，即他们的财富都来自一种产品或发明，而巴菲特却是个纯粹的投资商，他从零开始，仅仅从事股票和企业投资，成为20世纪世界大富豪之一。在40年的时间里——从艾森豪威尔时代到比尔·克林顿执政，无论股市行情牛气冲天抑或疲软低迷，无论经济繁荣抑或是不景气，巴菲特在市场上的表现总是非常好。在战后美国，主要股票的年均收益率在10%左右，巴菲特却达到了28.6%的水平。巴菲特简朴却又奥妙无穷的投资哲学和投资策略吸引着众多的投资者。他们每年一次像圣徒一样到奥马哈（巴菲特的家乡-作者按）朝圣，聆听巴菲特的投资分析。这如同埃尔·沃斯音乐会或宗教复活节一样，成了美国每年的一件大事。金融界的人士把巴菲特的著作视为"圣经"，犹如念布道的经文一样背诵巴菲特的格言。

　　1930年8月30日，沃伦·巴菲特出生于美国内布拉斯加州的奥马哈市，沃伦·巴菲特从小就极具投资意识，他钟情于股票和数字的程度远远超过了家族中的任何人。他满肚子都是挣钱的道儿，五岁时就在家中摆地摊兜售口香糖。稍大后他带领小伙伴到球场捡大款用过的高尔夫球，然后转手倒卖，生意颇为红火。上中学时，除利用课余做报童外，他还与伙伴合伙将弹子球游戏机出租给理发店

　　●如果总是做显而易见或大家都在做的事，你就赚不到钱。
　　●每个人都知道，在市场交易中大多数人最后是赔钱的。
　　●投资者要以购买整家公司的态度来研究一种股票。
　　本杰明·格雷厄姆(Benjamin Graham)

老板们，挣取外快。

1941年，刚刚跨入11岁，他便跃身股海，购买了平生第一张股票。

1947年，沃伦·巴菲特进入宾夕法尼亚大学攻读财务和商业管理。但他觉得教授们的空头理论不过瘾，两年后便不辞而别，辗转考入哥伦比亚大学金融系，拜师于著名投资学理论学家本杰明·格雷厄姆。在格雷厄姆门下，巴菲特如鱼得水。格雷厄姆反投机，主张通过分析企业的赢利情况、资产情况及未来前景等因素来评价股票。他教授给巴菲特丰富的知识和诀窍。富有天赋的巴菲特很快成了格雷厄姆的得意门生。

1950年，巴菲特申请哈佛大学被拒之门外。

1951年，21岁的巴菲特学成毕业的时候，他获得最高A⁺。

1957年，巴菲特掌管的资金达到30万美元，到年末则升至50万美元。

1962年，巴菲特合伙人公司的资本达到了720万美元，其中有100万是属于巴菲特个人的。当时他将几个合伙人企业合并成一个"巴菲特合伙人有限公司"。最小投资额扩大到10万美元，情况有点像现在中国的私募基金或私人投资公司。

1964年，巴菲特的个人财富达到400万美元，而此时他掌管的资金已高达2200万美元。

1966年春，美国股市牛气冲天，但巴菲特却坐立不安，尽管他的股票都在飞涨，他却发现很难再找到符合他的标准的廉价股票了。虽然股市上疯行的投机给投机家带来了横财，但巴菲特却不为所动，因为他认为股票的价格应建立在企业业绩成长而不是投机的基础之上。

1967年10月，巴菲特掌管的资金达到6500万美元。

1968年，巴菲特公司的股票取得了它历史上最好的成绩：增长了59%，而道·琼斯指数才增长了9%。巴菲特掌管的资金上升至1亿零400万美元，其中属于巴菲特的有2500万美元。

1968年5月，当股市一片凯歌的时候，巴菲特却通知合伙人，他要隐退了。随后，他逐渐清算了巴菲特合伙人公司的几乎所有的股票。

1969年6月，股市直下，渐渐演变成了股灾，到1970年5月，每种股票都要比上年初下降50%，甚至更多。

1970年～1974年间，美国股市就像个泄了气的皮球，没有一丝生气，持续的通货膨胀和低增长使美国经济进入了"滞胀"时期。然而，一度失落的巴菲特却暗自欣喜异常，因为他看到了财源即将滚滚而来——他发现了太多的便宜股票。

1972年，巴菲特又盯上了报刊业，因为他发现拥有一家名牌报刊，就好似拥有一座收费桥梁，任何过客都必须留下买路钱。1973年开始，他偷偷地在股市上蚕食《波士顿环球》和《华盛顿邮报》，他的介入使《华盛顿邮报》利润大增，每年平均增长35%。10年之后，巴菲特投入的1000万美元升值为两个亿。

1980年，他用1.2亿美元以每股10.96美元的单价，买进可口可乐7%的股份。到1985年，可口可乐改变了经营策略，开始抽回资金，投入饮料生产。其股票单价已涨至51.5美元，翻了5倍。至于赚

本杰明·格雷厄姆(Benjiamin Graham)

● 如果总是做显而易见或大家都在做的事，你就赚不到钱。

● 每个人都知道，在市场交易中大多数人最后是赔钱的。

● 投资者要以购买整家公司的态度来研究一种股票。

了多少，其数目可以让全世界的投资家咋舌。

1992年中巴菲特以74美元一股购下435万股美国高技术国防工业公司——通用动力公司的股票，到年底股价上升到113元。巴费特在半年前拥有的32,200万美元的股票已值49,100万美元了。

1994年底已发展成拥有230亿美元的伯克希尔工业王国，它早已不再是一家纺纱厂，它已变成巴菲特的庞大的投资金融集团（参见表一）。从1965～1994年，巴菲特的股票平均每年增值26.77%，高出道·琼斯指数近17个百分点。如果谁在1965年投资巴菲特的公司10000美元的话，到1994年，他就可得到1130万美元的回报，也就是说，谁若在30年前选择了巴菲特，谁就坐上了发财的火箭。

### 表一　巴菲特的伯克希尔公司集中持股投资组合（1988 年～ 1997 年）

| 股票数量 | 公司 | 成本 | 市值 | 投资组合 | 年报酬率 % | 加权报酬率（%） | 平均加权报酬率(%) | 2% 加权报酬率　（%） |
|---|---|---|---|---|---|---|---|---|
| 1988 年 | | | | | | | | |
| 3000000 | 资本城 | $5175000.00 | $1086750.00 | 35.6 | 5.1 | 1.8 | 1.0 | 0.1 |
| 6850000 | 盖可公司 | 45713.00 | 849400.00 | 27.8 | 13.5 | 3.8 | 2.7 | 0.3 |
| 14172500 | 可口可乐 | 592540.00 | 632448.00 | 20.7 | 22.8 | 4.7 | 4.6 | 0.5 |
| 1727765 | 华盛顿邮报 | 9731.00 | 364126.00 | 11.9 | 13.6 | 1.6 | 2.7 | 0.3 |
| 2400000 | 联邦房地产贷款 | 71729.00 | 121200.00 | 4.0 | 0.0 | 0.0 | 0.0 | |
| | 总计 | $1237213.00 | $3053924.00 | 100.0 | 11.9 | 11.0 | 16.0 | |
| | | | | | | 标准普尔报酬率 16.6% | | |
| 1989 年 | | | | | | | | |
| 23350000 | 可口可乐 | $1023920.00 | $1803787.00 | 34.8 | 77.0 | 26.8 | 15.4 | 1.5 |
| 3000000 | 资本城 | 517500.00 | 1692375.00 | 32.6 | 55.8 | 18.2 | 11.2 | 1.1 |
| 6850000 | 盖可公司 | 45713.00 | 1044625.00 | 20.1 | 24.2 | 4.9 | 4.8 | 0.5 |
| 1727765 | 华盛顿邮报 | 9731.00 | 486366.00 | 9.4 | 34.6 | 3.2 | 6.9 | 0.7 |

| 股票数量 | 公司 | 成本 | 市值 | 投资组合 | 年报酬率% | 加权报酬率(%) | 平均加权报酬率(%) | 2%加权报酬率(%) |
|---|---|---|---|---|---|---|---|---|
| 2400000 | 联邦房地产贷款 | 71729.00 | 161100.00 | 3.1 | 0.0 | 0.0 | 0.0 | 0.0 |
| | 总计 | $1668593.00 | $5188253.00 | 100.0 | 53.1 | 38.3 | 32.3 | |

标准普尔报酬率 31.6%

**1990 年**

| 股票数量 | 公司 | 成本 | 市值 | 投资组合 | 年报酬率% | 加权报酬率(%) | 平均加权报酬率(%) | 2%加权报酬率(%) |
|---|---|---|---|---|---|---|---|---|
| 46700000 | 可口可乐 | $1023920.00 | $2171550.00 | 40.2 | 22.7 | 9.1 | 3.8 | 0.5 |
| 3000000 | 资本城 | 517500.00 | 1377375.00 | 25.5 | -18.6 | -4.7 | -3.1 | -0.4 |
| 6850000 | 盖可公司 | 45713.00 | 1110556.00 | 20.5 | 7.5 | 1.5 | 1.3 | 0.2 |
| 1727765 | 华盛顿邮报 | 9731.00 | 342097.00 | 6.3 | -28.4 | -1.8 | -4.7 | -0.6 |
| 5000000 | 威尔斯·富国 | 289431.00 | 289375.00 | 5.4 | -16.8 | -0.9 | -2.8 | -0.3 |
| 2400000 | 联邦房地产贷款 | 71729.00 | 117000.00 | 2.2 | -25.4 | -0.6 | -4.2 | -0.5 |
| | 总计 | $1958024.00 | $5407953.00 | 100.0 | 2.7 | -9.8 | -3.9 | |

标准普尔报酬率 -3.1%

**1991 年**

| 股票数量 | 公司 | 成本 | 市值 | 投资组合 | 年报酬率% | 加权报酬率(%) | 平均加权报酬率(%) | 2%加权报酬率(%) |
|---|---|---|---|---|---|---|---|---|
| 46700000 | 可口可乐 | $1023920.00 | $3747675.00 | 42.9 | 75.4 | 32.4 | 10.8 | 1.5 |
| 6850000 | 盖可公司 | 45713.00 | 1363150.00 | 15.6 | 23.8 | 3.7 | 3.4 | 0.5 |
| 24000000 | 吉列公司 | 600000.00 | 1347000.00 | 15.4 | 81.8 | 12.6 | 11.7 | 1.6 |
| 3000000 | 资本城 | 517500.00 | 1300500.00 | 14.9 | -5.5 | -0.8 | -0.8 | -0.1 |
| 2495200 | 联邦房地产贷款 | 77245.00 | 343090.00 | 3.9 | 188.0 | 7.4 | 26.9 | 3.8 |
| 1727765 | 华盛顿邮报 | 9731.00 | 336050.00 | 3.9 | 0.2 | 0.0 | 0.0 | 0.0 |
| 5000000 | 威尔斯·富国 | 289431.00 | 290000.00 | 3.3 | 5.3 | 0.2 | 0.8 | 0.1 |
| | 总计 | $2563540.00 | $8727465.00 | 100.0 | 55.5 | 52.7 | 33.5 | |

标准普尔报酬率 30.4%

**1992 年**

| 股票数量 | 公司 | 成本 | 市值 | 投资组合 | 年报酬率% | 加权报酬率(%) | 平均加权报酬率(%) | 2%加权报酬率(%) |
|---|---|---|---|---|---|---|---|---|
| 93400000 | 可口可乐 | $1023920.00 | $3911125.00 | 35.1 | 5.8 | 2.0 | 0.7 | 0.1 |
| 34250000 | 盖可公司 | 45713.00 | 2226250.00 | 20.0 | 64.2 | 12.8 | 8.0 | 1.3 |
| 3000000 | 资本城 | 517500.00 | 1523500.00 | 13.7 | 17.2 | 2.3 | 2.1 | 0.3 |
| 24000000 | 吉列公司 | 600000.00 | 1365000.00 | 12.3 | 2.7 | 0.3 | 0.3 | 0.1 |
| 16196700 | 联邦房地产贷款 | 414527.00 | 783515.00 | 7.0 | 7.4 | 0.5 | 0.9 | 0.1 |

本杰明·格雷厄姆(Benjamin Graham)

● 如果总是做显而易见或大家都在做的事，你就赚不到钱。

● 每个人都知道，在市场交易中大多数人最后是赔钱的。

● 投资者要以购买整家公司的态度来研究一种股票。

| 股票数量 | 公司 | 成本 | 市值 | 投资组合 | 年报酬率 % | 加权报酬率（%） | 平均加权报酬率（%） | 2% 加权报酬率（%） |
|---|---|---|---|---|---|---|---|---|
| 6358418 | 威尔斯·富国 | 380983.00 | 485624.00 | 4.4 | 34.5 | 1.5 | 4.3 | 0.7 |
| 4350000 | 通用动力 | 312438.00 | 450769.00 | 4.0 | 96.7 | 3.9 | 12.1 | 1.9 |
| 1727765 | 华盛顿邮报 | 9731.00 | 396954.00 | 3.6 | 20.4 | 0.7 | 2.6 | 0.4 |
| | 总计 | $3304812.00 | $11142737.00 | 100.0 | 24.2 | 31.1 | 11.4 | |

标准普尔报酬率 7.6%

| 1993 年 | | | | | | | | |
|---|---|---|---|---|---|---|---|---|
| 93400000 | 可口可乐 | $1023920.00 | $4167975.00 | 37.9 | 8.3 | 3.1 | 1.0 | 0.2 |
| 34250000 | 盖可公司 | 45713.00 | 1759594.00 | 16.0 | -19.7 | -3.1 | -2.5 | -0.4 |
| 24000000 | 吉列公司 | 600000.00 | 1431000.00 | 13.0 | 6.4 | 0.8 | 0.8 | 0.1 |
| 2000000 | 资本城 | 345000.00 | 1239500.00 | 11.3 | 22.0 | 2.5 | 2.8 | 0.4 |
| 6791218 | 威尔斯·富国 | 423680.00 | 878614.00 | 8.0 | 73.0 | 5.8 | 9.1 | 1.5 |
| 13654600 | 联邦房地产贷款 | 307505.00 | 681023.00 | 6.2 | 4.9 | 0.3 | 0.6 | 0.1 |
| 1727765 | 华盛顿邮报 | 9731.00 | 440148.00 | 4.0 | 12.9 | 0.5 | 1.6 | 0.3 |
| 4350000 | 通用动力 | 94938.00 | 401287.00 | 3.6 | 48.5 | 1.8 | 6.1 | 1.0 |
| | 总计 | $2850487.00 | $10998641.00 | 100.0 | 11.7 | 19.5 | 11.6 | |

标准普尔报酬率 10.1%

| 1994 年 | | | | | | | | |
|---|---|---|---|---|---|---|---|---|
| 93400000 | 可口可乐 | $1023920.00 | $5150000.00 | 36.9 | 17.4 | 6.4 | 1.7 | 0.3 |
| 24000000 | 吉列公司 | 600000.00 | 1797000.00 | 12.9 | 27.4 | 3.5 | 2.7 | 0.5 |
| 2000000 | 资本城 | 345000.00 | 1705000.00 | 12.2 | 37.8 | 4.6 | 3.8 | 0.8 |
| 34250000 | 盖可公司 | 45713.00 | 1678250.00 | 12.0 | -2.6 | -0.3 | -0.3 | -0.1 |
| 6791218 | 威尔斯·富国 | 423680.00 | 984272.00 | 7.0 | 15.2 | 1.1 | 1.5 | 0.3 |
| 2775994 | 美国运通 | 723919.00 | 818918.00 | 5.9 | 12.4 | 0.7 | 1.2 | 0.2 |
| 13654600 | 联邦房地产贷款 | 270468.00 | 644441.00 | 4.6 | 3.2 | 0.1 | 0.3 | 0.1 |
| 1727765 | 华盛顿邮报 | 9731.00 | 418983.00 | 3.0 | -3.2 | -0.1 | -0.3 | -0.1 |
| 19453300 | PBG 银行 | 503046.00 | 410951.00 | 2.9 | -23.6 | -0.7 | -2.4 | -0.5 |
| 6854500 | 盖涅特公司 | 355216.00 | 365002.00 | 2.6 | -4.5 | -0.1 | -0.5 | -0.1 |
| | 总计 | $4280693.00 | $13972817.00 | 100.0 | 15.3 | 8.0 | 2.6 | |

| 股票数量 | 公司 | 成本 | 市值 | 投资组合 | 年报酬率 % | 加权报酬率(%) | 平均加权报酬率(%) | 2% 加权报酬率 （%） |
|---|---|---|---|---|---|---|---|---|
| | | | | | 标准普尔报酬率 1.3% | | | |
| **1995 年** | | | | | | | | |
| 49456900 | 美国运通 | $1392.70 | $2046.30 | 10.6 | 42.8 | 4.5 | 6.1 | 0.9 |
| 2000000 | 资本城 | 345.00 | 2467.50 | 12.8 | 44.9 | 5.7 | 6.4 | 0.9 |
| 100000000 | 可口可乐 | 1298.90 | 7425.00 | 38.4 | 46.1 | 17.7 | 6.6 | 0.9 |
| 12502500 | 联邦房地产贷款 | 260.10 | 1044.00 | 5.4 | 68.2 | 3.7 | 9.7 | 1.4 |
| 34250000 | 盖可公司 | 45.70 | 2393.20 | 12.4 | 44.1 | 5.5 | 6.3 | 0.9 |
| 48000000 | 吉列公司 | 600.00 | 2502.00 | 12.9 | 41.1 | 5.3 | 5.9 | 0.8 |
| 6791218 | 威尔斯·富国 | 423.70 | 1466.90 | 7.6 | 15.2 | 1.2 | 2.2 | 0.3 |
| | 总计 | $4366.10 | $19344.90 | 100.0 | 43.6 | 43.2 | 38.3 | |
| | | | | | 标准普尔报酬率 37.6% | | | |
| **1996 年** | | | | | | | | |
| 49456900 | 美国运通 | $1392.70 | $2794.30 | 11.4 | 39.8 | 4.5 | 5.0 | 0.8 |
| 200000000 | 可口可乐 | 1298.90 | 10525.00 | 43.0 | 43.2 | 18.6 | 5.4 | 0.9 |
| 24614214 | 迪斯尼 | 577.00 | 1716.80 | 7.0 | 19.1 | 1.3 | 2.4 | 0.4 |
| 64246000 | 联邦房地产贷款 | 333.40 | 1772.80 | 7.2 | 34.2 | 2.5 | 4.3 | 0.7 |
| 48000000 | 吉列公司 | 600.00 | 3732.00 | 15.3 | 50.9 | 7.8 | 6.4 | 1.0 |
| 3C156000 | 麦当劳 | 1265.30 | 1368.40 | 5.6 | 1.2 | 0.1 | 0.1 | 0.0 |
| 1727765 | 华盛顿邮报 | 10.60 | 579.00 | 2.4 | 20.6 | 0.5 | 2.6 | 0.4 |
| 7291419 | 威尔斯·富国 | 497.80 | 1966.90 | 8.0 | 27.6 | 2.2 | 3.4 | 0.6 |
| | 总计 | $5975.70 | $24455.20 | 100.0 | 37.5 | 29.6 | 24.0 | |
| | | | | | 标准普尔报酬率 23.0% | | | |
| **1997 年** | | | | | | | | |
| 49456900 | 美国运通 | $1392.70 | $4414.00 | 13.9 | 59.8 | 8.3 | 7.5 | 1.2 |
| 200000000 | 可口可乐 | 1298.90 | 13337.50 | 42.0 | 27.9 | 11.7 | 3.5 | 0.6 |
| 21563414 | 迪士尼 | 381.20 | 2134.80 | 6.7 | 42.8 | 2.9 | 5.4 | 0.9 |
| 63977600 | 佛雷迪 | 329.40 | 2683.10 | 8.4 | 53.8 | 4.5 | 6.7 | 1.1 |
| 48000000 | 吉列公司 | 600.00 | 4821.00 | 15.2 | 30.4 | 4.6 | 3.8 | 0.6 |

| 股票数量 | 公司 | 成本 | 市值 | 投资组合 | 年报酬率 % | 加权报酬率 (%) | 平均加权报酬率(%) | 2% 加权报酬率（%) |
|---|---|---|---|---|---|---|---|---|
| 23733198 | 旅行家集团 | 604.40 | 1278.60 | 4.0 | 78.8 | 3.2 | 9.9 | 1.6 |
| 1727765 | 华盛顿邮报 | 10.60 | 840.00 | 2.6 | 47.0 | 1.2 | 5.9 | 0.9 |
| 6690218 | 威尔斯·富国 | 412.60 | 2270.90 | 7.1 | 28.2 | 2.0 | 3.5 | 0.6 |
| | 总计 | $5029.80 | $31780.50 | 100.0 | 38.5 | 46.1 | 35.4 | |

标准普尔报酬率 35.35%

资料来源：晨星公司（Morningstar Inc.），1988 年 ~ 1997 年。

＊以上金额以千元为单位

＊市场报酬率（标准普尔 500）代表 90% 的投资组合

2000年3月11日，巴菲特在伯克希尔公司的网站上公开了年度信件——一封沉重的信。数字显示，巴菲特任主席的投资基金集团伯克希尔公司，去年纯收益下降了45%，从28.3亿美元下降到15.57亿美元。伯克希尔公司的股票价格1999年下跌20%，是90年代的唯一一次下跌；同时伯克希尔的账面利润只增长0.5%，远远低于同期标准普尔21%的增长，是1980年以来的首次落后。

2007年3月1日晚间，"股神"沃伦·巴菲特麾下的投资旗舰公司——伯克希尔·哈撒维公司（Berkshire Hathaway）公布了其2006年财政年度的业绩，数据显示，得益于飓风"爽约"，公司主营的保险业务获利颇丰，伯克希尔公司去年利润增长了29.2%，盈利达110.2亿美元（高于2005年同期的85.3亿美元）；每股盈利7144美元（2005年为5338美元）。

1965~2006年的42年间，伯克希尔公司净资产的年均增长率达21.4%，累计增长361156%；同期标准普尔500指数成分公司的年均增长率为10.4%，累计增长幅为6479%。

2007年3月1日，伯克希尔公司股价上涨410美元，收于106600美元。去年伯克希尔股价上涨了23%，相形之下，标普50C指数成分股股价平均涨幅仅为9%。

巴菲特是有史以来最伟大的投资家，他依靠股票、外汇市场的投资成为世界上数一数二的富翁。他倡导的价值投资理论风靡世界。价值投资并不复杂，巴菲特曾将其归结为三点：把股票看成许多微型的商业单元；把市场波动看作你的朋友而非敌人（利润有时候来自对朋友的愚忠）；购买股票的价格应低于你所能承受的价位。"从短期来看，市场是一架投票计算器。但从长期看，它是一架称重器。"——事实上，掌握这些理念并不困难，但很少有人能像巴菲特一样数十年如一日地坚持下去。巴菲特似乎从不试图通过股票赚钱，他购买股票的基础是：假设次日关闭股市或在五年之内不再重新开放。在价值投资理论看来，一旦看到市场波动而认为有利可图，投资就变成了投机，没有什么比赌博心态更影响投资。

巴菲特2006年6月25日宣布，他将捐出总价达370亿美元的私人财富投向慈善事业。这笔巨额善款将分别进入全球首富、微软董事长比尔·盖茨创立的慈善基金会以及巴菲特家族的基金会。巴菲特捐出的370亿美元是美国迄今为止出现的最大一笔私人慈善捐赠。据路透社报道，波克夏—哈萨威投资公司的首席执行官巴菲特现年75岁，《福布斯》杂志预计他的身价为440亿美元，是仅次于盖茨的全球第二富。370亿元的善款占到了巴菲特财产的大约85%。巴菲特在一封写给比尔与梅林达·盖茨基会的信中说，他将捐出1000万

本杰明·格雷厄姆(Benjamin Graham)

● 如果总是做显而易见或大家都在做的事，你就赚不到钱。

● 每个人都知道，在市场交易中大多数人最后是赔钱的。

● 投资者要以购买整家公司的态度来研究一种股票。

股波克夏公司B股的股票，按照市值计算，等于巴菲特将向盖茨基金捐赠300亿美元。盖茨基金会发表声明说："我们对我们的朋友沃伦·巴菲特的决定受宠若惊。他选择了向比尔与美琳达·盖茨基金会捐出他的大部分财富，来解决这个世界最具挑战性的不平等问题。"

此外，巴菲特将向为已故妻子创立的慈善基金捐出100万股股票，同时向他三个孩子的慈善基金分别捐赠35万股的股票。不久前，盖茨刚刚宣布他将在两年内逐步移交他在微软的日常管理职责，以便全身心投入盖茨基金会的工作。盖茨基金会的总财产目前已达300亿美元。该基金会致力于帮助发展中国家的医疗事业以及发展美国的教育。

巴菲特的投资体系可以简单概括为以下方程式，即"2＋5＋8＋12"，其中，2项投资方式；5项投资逻辑；8项选股标准；12项投资要点。

## 2 项投资方式：

（1）终生持有，每年检查一次以下数字：

——初始权益报酬率；

——经营毛利；

——负债水平；

——资本支出；

——现金流量；

（2）当市场过于高估持有股票的价格时，也可考虑进行短期套利。

## 5 项投资逻辑：

（1）把自己当成股票标的的企业经营者，像投资企业一样投资股票。巴菲特之所以能成为优秀投资人，最主要的是他把自己当成投资人，像经营企业一样经营自己的股票。

（2）好的企业比好的价格更重要。

（3）一生追求消费垄断性企业。

（4）最终决定公司股价的是公司的实质价值。

（5）任何时间将最优秀的企业股票脱手都是不适合的。

## 8 项投资标准：

（1）必须是消费、垄断企业。

（2）产品简单、易了解、前景看好。即使傻瓜都能经营好。

（3）有稳定的经营历史，像IBM、麦当劳等。

（4）经营者理性、忠诚，始终以股东利益为先。

（5）财务稳健。

（6）经营效率高、收益好。

（7）资本支出少、自由现金流量充裕。

（8）价格合理。

**本杰明·格雷厄姆(Benjamin Graham)**
●如果总是做显而易见或大家都在做的事，你就赚不到钱。
●每个人都知道，在市场交易中大多数人最后是赔钱的。
●投资者要以购买整家公司的态度来研究一种股票。

## 12 项投资要点：

（1）利用市场的愚蠢，进行有规律的投资。

（2）买价决定报酬率的高低，即使是长线投资也是如此。

（3）利润的复利增长与减少交易费用、税使投资人受益无穷。

（4）不在意一家公司明年能赚多少，仅看它未来5至10年能赚多少。

（5）只投资未来收益确定性高的企业。

（6）通货膨胀是投资者的最大敌人。

（7）价值型与成长型的投资理念是相通的，价值是一项投资未来现金流量的折现值，而成长只是用来决定价值的预测过程。

（8）投资人的投资成功与他对投资企业的了解程度成正比。

（9）"安全边际"从两个方面协助你的投资：首先是缓冲可能的价格风险；其次是可获得相对高的权益报酬率。（注：安全边际是价值投资领域的核心概念，定义：实质价值或内在价值与价格的顺差，另一种说法：安全边际就是价值与价格相比被低估的程度或幅度。根据定义，只有当价值被低估的时候才存在安全边际或安全边际为正，当价值与价格相当的时候安全边际为零，而当价值被高估的时候不存在安全边际或安全边际为负。价值投资者只对价值被低估特别是被严重低估的对象感兴趣。安全边际不保证能避免损失，但能保证获利的机会比损失的机会更多。）

（10）拥有一只股票，期待它下个星期就上涨，是十分愚蠢的。

（11）就算联储主席偷偷告诉我未来两年的货币政策，我也不会改变我的任何作为。

（12）不理会股市的涨跌，不担心经济情势的变化，不相信任何预测，不接受任何内幕消息，只注意两点：买什么股票；买入价格。

这"2＋5＋8＋12"方程式构成了巴菲特投资的最为独特迷人部分，是他得以成功投资的最大秘诀，也是他区别于一般投资者的根本原因。最后，巴菲特提出了两条投资风险原则：

（1）千万不要亏损。

（2）千万不要忘记第一条原则。

巴菲特的投资哲学经受了时间考验，他掌管的伯克希尔·哈撒韦公司（以下称伯克希尔公司）是一家以保险业占主体的多元化企业，投资组合中有可口可乐、美国运通、吉列、迪斯尼、华盛顿邮报以及其他一些赫赫有名的企业。在过去40年里，伯克希尔的股价从最初的12美元涨到2005年底的8.6万美元，年均增长率近27%，远远超过了以高回报著称的标准普尔500股票指数。

## 价值投资的七大简化原则

原则一：逢低买进资产。逢低买进资产就如同消费者低价买进商品的道理一样。在消费观念上，一切耐用和非耐用生活消费品，

只要是价格下降，人们都会不约而同地认为商品正在变得"物有所值"，甚至"物超所值"了。在超级市场里，只要宣传今天某样（些）商品在降价，作为顾客的你的第一反应可能就是去买一些，甚至多买一些，以备以后不虞之需。消费者还有一个消费原则是，一旦某商品价格低于自我设定的公平价值，他也会去购买。比如，人们可能排斥24袋包装、标价为30元的袋装蒙牛牛奶，然而一旦价格大幅调降至20元，他很快就会在心中衡量出这一价格已进入自己认定的价值区间，因而会踊跃购买。这也就是我们经常看到的市场抢购现象背后的真正原因。

价值投资法遵循的第一法则是逢低买入投资标的。这一投资原则和我们上述的消费原则相一致。不论是购买超市的商品，还是投资资本市场的金块、外汇、债券和股票，都应尽可能低价买进，使每一块钱的投资价值最大化。当然，正确评估消费品价值是一件困难的事，市场中没有几个顾客能计算出一瓶潘婷洗发露或一辆Polo汽车的真正价值，因为这些商品除了有有形的价值外，还有无形的价值。然而，评估一只股票就相对容易得多，因为它们的价值是可以准确计算出来的，只要计算工具得当，信息透明，投资人便可以计算出一家公司的真正价值，这就使得投资人在逢低买进时要比消费者决策购买一件商品的准确性相对更高。而且股市价格随时在变化，投资人有更多低价买进股票的机会。如果某公司股票每股价值只有10元，而现在股价却是15元，那就根本不值得投资人去理会它，除非该股价跌至5～7元，甚至更低，投资者才会开始进场不断买入。价值投资者深信，股价被市场低估的情形只是暂时的，市场早晚将发现这种价值低估现象，并把低估的股价提高到一个合理价位。逢低买进的理由很简单：增加潜在利润。

原则二：塑造价值概念。投资人要面对的最重要工作就是评估购进资产的时机和价格是否最为恰当。由于大多数股票投资人都没有一套完整的评估资产方法，他们也很少会在购买股票之前去评估公司价值，他们买卖股票的决策完全依赖于K线图和技术指标，有的则是听报纸介绍，或在电视的财经频道里听某位分析师推荐。还有一些人买股票是因为看到公司分息、股利提高或股价在过去一两周内创出新高而匆忙购进。更离奇的是，还有不少投资人是某一天走在路上无意间听到两个人在说某个股票要大涨，于是他也不管三七二十一买进该只股票。更令人不解的是，很多投资人花在购物和整理房间上的时间都要比决定购买股票的时间长，殊不知后者的重要性远比前者大。

投资若要成功，就必先做好功课。俗话说：工欲善其事，必先利其器。20世纪以来所有伟大的投资大师，没有一个是以技术图表和凭空臆测来累积他们财富的，可以说，他们今天的成就最主要还得归功于他们在投资前所做的分析研究。在持有一家公司股票之前，他们必然会了解有关这家公司的所有运营和财务状况，包括经营产业环境、公司潜力等，最后再根据评估结果制订出是否要买进股票的可行性企划来。不这样做而盲目投资，其结果无异于掷骰子一般，一旦把投机引入投资交易过程，尽管买进的股票偶尔也能大捞一把，但这种获利只能算是运气，而不能称为价值投资。

评估一家公司，要求可以很严格，也可以很宽松。据说，巴

**本杰明·格雷厄姆(Benjamin Graham)**

● 如果总是做显而易见或大家都在做的事，你就赚不到钱。

● 每个人都知道，在市场交易中大多数人最后是赔钱的。

● 投资者要以购买整家公司的态度来研究一种股票。

菲特能在20分钟内即可知道其研究的公司是否值得投资。他使用的投资方法相当严格，平均每100家公司中有99家即在短时间内被淘汰出局；而一旦当他瞄准上了几个潜在投资机会，巴菲特可能就会花上几天甚至几星期时间来进行详细调研，以佐证自己先前的直觉。

原则三：利用"安全边际"避免损失。任何一个投资者都无法避免因股市周期处于低谷时带来的亏损，但是价值投资法却可以让投资者将亏损降到最低点。只要能使亏损最小化，投资者就能获得跑赢大盘的报酬率。事实上，各种研究都证明，在相对于市场水平较低的价格位置买进股票，假以时日都能获得优异的报酬率。但股价多低才算便宜，却并没有一个明确标准。如果你对自己的评估方法有绝对的信心，只要股价低于你所认定的公平价值时就可买进。但为了安全起见，可以给自己设一个缓冲价格，其区间越大越好。格雷厄姆于1949年著文时称这种缓冲价格为投资人的"安全边际"（margin of safety）。如果公司每股价值15元，投资人就决不应该在价格跌到14元时就迫不及待地抢进股票，这种策略唯有在你的评估完全准确时才管用。投资者应该给自己预留足够宽的错误边际，以此来弥补分析研究上可能存在的不足。获利最大化的关键就在于善加利用股价大幅跌破公平价值后的机会才最后买进。格雷厄姆指出，在购进事实出现后，投资人很容易为自己买进价格超出价值的股票寻找合理借口，但这些理由通常是主观的，反映了投资者绝不认错的心态。所以，正确投资的关键，就要为自己可能犯的错误预留足够空间。

原则四：采取"待售"观点。格雷厄姆曾说，将投资当成是做生意，才是最有智慧的。做生意，就要严格遵循健全的市场和商业法则，只有这时，投资才是没有激情的。我在我已出版图书和博客里，一直建议投资人应把自己扮演成企业主角色，确切地知道公司是否真如报价一样值钱。我认为，过分关注股价上下波动反而会忽略对公司内在质地的关注，套用格雷厄姆的话说："华尔街从来不曾问过'这家公司到底值多少钱？'然而，这才是买股票时首先要弄清楚的问题。如果某商人被要求以1万美元买下某家公司5%股权，那么他心中应该盘算如果买下整家公司，就需要付出二十倍的价钱，也就是20万美元。那么，20万美元相对于1万美元来说就是一个天文数字，你势必考虑以此价格买进这家公司是否值得的问题。"同样，用此放大效应的方法来评估一家你投资买入的股票，无疑将有助于对于这家股票所属的上市公司的价值评估。显然，价值评估自然不应以公司股价的单日随机波动来作为依据的。

原则五：坚持到底。我们应该在股市上不难见过太多的投资人把理智扔在一边，疯狂地买进股票，仅仅是因为此家公司刚刚宣布了要重组的消息，或者仅仅是一些朦朦胧胧的消息，而不管这种重组实质内容究竟是什么，是不是为了拉高出货？我们也见过年迈的投资人从退休金存款里拿出5万、10万元，甚至更多的钱买进一些连公司名称都念不出来的股票，更不要说对公司质地的实质了解。更多的草根投资人则只是根据每天成交量的形态来进行股票买卖。有的人还随身带着股票机，生怕自己错失了"良机"。基金或证券也喜欢推出各种各样的股票组合，新方法、新系统、新预测软件层

本杰明·格雷厄姆(Benjamin Graham)

● 如果总是做显而易见或大家都在做的事，你就赚不到钱。

● 每个人都知道，在市场交易中大多数人最后是赔钱的。

● 投资者要以购买整家公司的态度来研究一种股票。

出不穷，迫使投资人身不由己地参与其中。但是这些被耍弄的投资者就是不知道，股市中唯一被证明有效的就是只考虑所投资的标的公司的真实表现，任何新闻事件只会促使股价短期的起伏不定，但改变不了股价的长期走势，因为公司的价值增长与否最终决定了股价的走势。研究也一再表明，只要计算出公司真正的价值并在该价格以下果断买进，投资人才能战胜市场。

以价值为基础的投资方法的迷人之处就在于：在低于公司真实价值的价位买进股票，不论利率高低、经济盛衰、货币强弱如何，不为一时的经济震荡所动摇，坚持自己的信念，必有惊人的回报。就如同巴伯森（Roger Babson）曾经说过的："许多投资方法都在运用一段时间后相继失效，但只有价值投资法是唯一值得一提再提的，因此这种方法被看成是最为稳妥可靠的。"

原则六：反向操作。就在人们每天梦想着赚进大笔财富的时候，价值投资者却在善加利用价格被低估的资产，他们从别人愚蠢地抛售股票中发现获利的价值，以远低于真实价值的价格大笔买进股票。20世纪50年代，巴菲特操作无人问津的股票，且以三四倍本益比的股价大进大出；传奇基金经理人内夫在市场无情地抛售克莱斯勒和花旗银行股票时却大量买进；彼得·林奇则买进所有同行不屑一顾的消费性产品股票，从此使麦哲伦基金（Magellan Fund）成为传奇神话。所以，要想成为一个成功的价值型投资人，不管别人怎么看，都必须坚持自己既定的投资原则，坚守对于一家经过自己认真研究的投资标的公司的立场和看法。詹姆斯·戈德史密斯（James Goldsmith）曾说："如果你看到花车才想到要去加入游行行列，那就未免太晚了。"

　　然而反向操作的投资人并非是机械式地逆势而为，他们唯一能与市场大众反向操作的状况应为：(1)股票市场对于事件的心理反应似乎已到了疯狂的极致；(2)对于公司财务资料的分析大家都错了，尤其需要注意的是，当缺乏足够的证据支持时，千万不要与市场对立。

　　原则七：忽略市场。股市中的芸芸众生若不为媒体信息而左右实在难能可贵，而这正是成功投资人的重要个性特征。这样说并不是说他们不需要关心信息，而是说他们要关心的焦点应聚合在公司长期发展潜力上而不是下个月或下一季度会发生什么事。这里，作者想努力提供给投资人的最好建议是，不要轻易听信经纪人、经济学家、分析师、市场策略师和新闻媒体的话，因为这些所谓"专家"只会蒙蔽你的决策力。而你要做的唯一重要的事情就是：当发现市场中有低于价值的股票，便大胆买进，决不为当前的市场局势而犹豫动摇。投资人应学会分辨信息真伪，而不是将精力徒劳无益地耗费在利率、通货膨胀、市场"脉动"、最新失业率报告，或是什么指数平均线上，这些事件与一家公司是否具备令人难以抗拒的高价值毫无关系。决定价值最有力的要素就在于重视人人都可得到的公司财务报表，以及公司在市场上的长期表现，这较之经济学家、分析师等能告诉你的不知要重要多少倍。

　　同样，市场行情与公司真正的价值也毫不相干，唯一决定价值的只能是公司的获利表现，而不是市场期望给这个表现定价的方法。不论大盘指数上涨或下跌可能带来什么样的震荡，都不应该成

本杰明·格雷厄姆(Benjamin Graham)
●如果总是做显而易见或大家都在做的事，你就赚不到钱。
●每个人都知道，在市场交易中大多数人最后是赔钱的。
●投资者要以购买整家公司的态度来研究一种股票。

为投资人做出买卖决定的依据。在股市中，有太多的投资人因为总是在寻觅进场时机，结果反而迷失了自己。他们也因为所谓的市场专家"不要买进"的建议而错失了买进好公司股票的最佳时机。更糟的是，有些投资人依照每天市场股票的跌幅来决定自身的买卖与否，并设了所谓的止损点，但你又怎么能够知道这只股票跌到何时才为"跌无可跌"，此时的止损点又有什么意义。总之，只要公司的价值仍然比投资人所买进时的价格高，就应该坚决忽略市场中其他投资人的反应。

## 市场效率论的投资误导性

有效市场假说（efficient markets hypothesis）是金融投资的一个重要基础。1965年美国芝加哥大学教授法玛提出了著名的有效市场假设：如果股价已及时充分反映了所有可以得到的相关信息，那么股市是有效的。一个有效的证券市场，其信息应是充分披露的，即每个投资者都可以即时掌握同质等量信息，都能根据所掌握的信息及时进行理性投资决策。同时，证券价格应该是随机波动的，任何信息都不能影响市场价格的系统发展趋势。简言之，市场有效性的三个假设条件为：信息完全、信息分布对称和理性决策。

有效市场理论进一步认为，有效市场在确定价格时已经把所有的公开信息，包括基本状况和价格历史，都已经计算进去了，因此价格只有在收到新的信息时才发生变动。在有效市场中不能赌博，这不仅是因为价格已经反映了已知信息，而且因为投资者的数目众多保证了价格是公平的。就此而言，投资者的投资行为是理性的；他们作为一个集体，知道什么信息是重要的，什么信息是不重要的。这样，在消化了信息并估计了所涉风险后，市场的集体意识就会找到均衡价格。从本质上说，有效市场假说说的是，市场是由那么多的投资者组成的，多到不可能犯错误。

市场价格的随机波动反映的正是这样一个功能良好、理性的有效市场，价格已经反映了已知信息，而股价取决于相关信息。股价由供求决定，供求是通过买卖来实现的，投资者买卖股票受其心理预期的影响，而心理预期是投资者在收集、处理相关信息的基础上形成的。其次，随机的"新信息"导致了股价的随机游走。在一定时点上，股价反映了"旧"的相关信息，而下一时点的股价取决于"新"的相关信息。因为"新"信息的出现是随机而不可预测的，所以股价随机游走。

确实，效率市场理论有其自身优点，就交易而言，股票市场，即交易场所本身倒是相当有效率的，投资人可以随时拿起电话或上网，然后报价买进自己所选择的股票，不论投资规模是十多亿元的基金，还是几千元、几万元的小额投资人，投资门槛都是一样的，任何人都可以随时参与到市场上来进行买卖交易。但必须强调的是，所谓的市场效率也仅止于此。其实，在股票市场里，投资人更多看到的是市场的非理性，即在掺杂了各种各样的人的情绪和其它各种因素的市场里，股市在大多数时间里反映的是不寻常、不理性、不公平的信息，因为股市投资就是一种随机行为，众多投资人为了达到个人获利目标而做出各种各样随机的买卖行为决定。股票

本杰明·格雷厄姆(Benjamin Graham)

● 如果总是做显而易见或大家都在做的事，你就赚不到钱。
● 每个人都知道，在市场交易中大多数人最后是赔钱的。
● 投资者要以购买整家公司的态度来研究一种股票。

第一章　定义价值投资　29

市场每一次哪怕是极其微小的变动，都体现出约翰·威廉斯（John Williams）在1938年提出的"市场边际观点"（marginal opinion）的特征，即股市实际上是由数以千万计善变的投资人组成，因此不能把它视作具有集体智慧的单一个体。

就在威廉斯提出"市场边际观点"的前4年（即1934年），价值投资大师格雷厄姆也曾做了类似暗示，他认为市场价格是由供需心理设定的："很明显，证券市场制定价格的过程通常是不合逻辑或错误的，这些过程并非无意识或机械式的，而是牵涉心理层面，因为这些过程贯穿在投资人的心中，所以说市场的错误就是一群人或一组个人的错误，大部分错误都能归结于三个基本原因：夸大、过度简化、疏忽。"

作者认为：

1．上述效率市场理论的前提严重依赖于市场理性投资者。理性被定义为根据所有可以获得的信息估价证券，并据此而定价的能力。但事实证明，当牵涉到亏损时，人们更倾向于追求风险，倾向于赌一把，因为赌博有可能把他们的亏损减少到最低限度。

2．理性预期假说认为：理性投资者的信念和主观概率是准确的和无偏的。然而，人们有一种作出过分自信预报的心理偏好。在分配主观概率时，预测者容易给一个特定的经济场景分配高于事实所认可的概率。比如，一个投资者确定经济增长的可能性为60%，零增长为30%，而衰退是10%。在现实中，一个对于增长场景相当有信心的投资者会将其概率增加到90%，剩下的10%概率给零增长，衰退多半不是"现在的可能情况"。而且人们不太容易改变他们的预测，除非他们接到了证实环境已经改变的充分信息。所以市场难以有效，是因为并不是所有信息都能在价格中被反映了出来。

3. 如果说单独的投资者不大可能是按定义的理性方式做出反应的话，那么我们也没有任何理由相信总体就会更好一些，因为总体是市场单个的总和。正如古典天体物理学家艾萨克·牛顿早在18世纪英国南海气泡事件中就指出："我能计算出天体运行，但人们的疯狂实在难以估料。" 1980年的黄金泡沫，1987年的美国股票市场，以及1997年的东南亚金融危机更是很好的例证。

4. 让我们回顾一下迄自2005年年底近两年来中国股市的发展轨迹，可以从一个实证来说明市场的无效率。从2006年开始，中国股市一改前几年的颓市，在大量资金流入的支持下，股指节节攀高，上证指数仅在2006年一年内大涨超过130%，一跃成为全球涨幅最大的股市。进入2007年后，在2006年以来形成的赚钱效应鼓舞下，新年开始后仍有越来越多的老百姓加入到炒股大军中来，据统计，一天的新开户数最高达到过80万户。我们在上海的多家证券营业部了解到，新开户的股民都要排着长队办理有关手续，每到周末，证券公司营业部举办的股评分析会也异常火爆。据一项最新统计，2007年年初A股市场的场内个人和机构存量资金已达7000亿元左右，是2006年初的3倍多。其中，2006年12月A股市场就出现资金"冲刺进场"的现象，单向流入超过千亿元。股市自2006年以来持续上涨后，已把越来越多的人和资金吸进了投机的大军行列里。从2007年开始后不到半个月里，中国人民银行、国家外汇管理局、中国证监会相继推出调控措施来看，管理层已开始担忧股市等资产市

本杰明·格雷厄姆(Benjamin Graham)

● 如果总是做显而易见或大家都在做的事，你就赚不到钱。

● 每个人都知道，在市场交易中大多数人最后是赔钱的。

● 投资者要以购买整家公司的态度来研究一种股票。

第一章　定义价值投资　31

场出现泡沫化。一些如谢国忠、吴敬琏、陶冬、左小蕾等国内经济学家认为下一步央行会推出加息等更严厉的调控措施,以解决人民币流动性泛滥问题,避免股票等资产出现泡沫化风险。特别是人大常委会副委员长成思危也在这一敏感时刻对中国股市发话,指出:"泡沫正在形成,投资者应关注风险。但在牛市行情中,人们的投资相对不理性,每个投资者都认为自己能赢,实际上许多投资者却最终都是输家。不过,这就是他们的风险,也是他们的选择。"就在成氏发出上述言论的第二天,即2007年1月31日,沪深两地股市暴跌,沪证综指跌幅高达144点,两市一日蒸发5600亿资产。

市场的戏剧性变化还在演变:2月6日,大盘在上证综指2541的点位又突然绝地反弹,一时间令万众喜悦。当天,中国证监会管理层召开了紧急会议,提出不要再在"泡沫"问题上争论了。也在同一天,北京、上海等地基金投资者(尤其是新基民)在各家银行外排起了长队,将一个星期前刚忍痛割舍的开放式基金再次大量回购。一星期后,即2月12日,情况出现了"V"型大反转,那些曾在"泡沫化"争论期间深度下跌的金融及地产权重股雄风再起,甚至像中信证券、吉林敖东等与券商直接有关的股票竟然出现连番疯狂的涨停。那一天,沪深两市上涨家数为1367家,下跌家数仅90家,是1367:93!真所谓"忽如一夜春风来,千树万树梨花开"。

更富有戏剧性的是那些在一个月前还在批评中国股市"泡沫化"的几位主要人物,都突然齐刷刷地改了口。谢国忠说:"首先要声明一下的是,我说股市有泡沫,并不是说大盘就一定会跌下去,泡沫有时可以很大,还可能持续很长时间。我并没有说过不可以买A股。"美国投资大师罗杰斯说:"中国股市的泡沫在总体上尚未形成。"尤其是成思危副委员长竟然说是英国金融时报的记者翻译错了,将他讲话中的"Would"(可能)错译成了"Will"(肯定口气,"将要")了。

就在中国股市争论"泡沫化"之际,新批准的那些QFII老外们竟以迅雷不及掩耳之势将持股仓位迅速提升到96%,全然不理会中国A股的"泡沫论"。

就这样,因为人们的贪婪、不理性,对市场展望的不确定性,以及随意的市场言论,中国股市在2007年的几个月里便完成了几次V型翻转历程,然后股指又拐头向下,出现新一轮恐慌、可怖性的出逃和大跌,尔后又是让人看不懂的反转,如此循环往复,了无穷尽。难道说这样的市场震荡,能说是合理、理性、有效率的吗?

5. 市场的非理性是可模拟的。我们选择的是典型的公司模式,股价围绕公司内在价值为基准上下来回震荡。我们又假设公司的内在价值在一段时间里会缓慢且稳定增长。从图中我们可以看出,股价很少刚好等于公司的内在价值,多数的时候是依据投资人看法,股价不是被高估就是被低估。假设这样的关系存在于正在交易的每只股票上,我们可以把这些股价区分为七个不同的阶段:(参见图一):

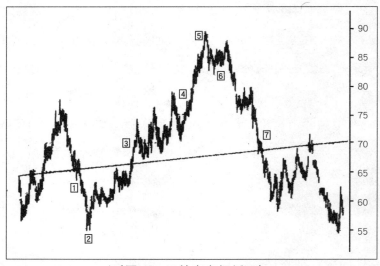

（图一　无效率市场循环）

资料来源：提摩西·维克：《价值投资法——如何以价值投资战胜市场》（中译本），台北：财讯出版社、美商麦格罗·希尔国际股份有限公司联合出版，2000年，第84页。

阶段一：受某些因素影响，股价低于公司内在价值，这些因素有的是和公司有关联的，有的则无关联。在此阶段，投资人十分担心。显然，此时的股价并未反映出公司的真实价值。

阶段二：在这个阶段，悲观情绪不断蔓延，以至达到顶峰。尽管公司内在价值不断上升，股价仍大幅下跌。这一阶段，内在价值折价最大。

阶段三：随着投资人观点的改变，股价开始扬升。公司市值还在持续增加，此时股价爬升的速度比公司内在价值增加还要快。在某一价位时，两者达到均衡，但是此时股价已高于公司的公平市价。

阶段四：越来越多的投资人认同这只正在攀升的股票，股价每天的上涨似乎肯定了投资人买进的决定正确无误，于是日成交量放得更大，出现了许多跟风盘。这一阶段，投资者亟欲从热门股上赚取20%或30%不等的盈利。此时，基金经理人也纷纷加入买盘者行列，买气催生买气，导致溢价更大。

阶段五：涨势已达到最后冲刺阶段。每日价格波动愈发剧烈，且股价与内在价值的乖离率越来越大，买卖双方必须向外寻求更多让股价继续上涨的正当理由。在这一阶段，人们不再相信历史，投资人敢于不断追高股价，对未来的收益预期充满期望。

阶段六：由于股价偏离公司的内在价值实在太远，股价注定会有崩跌的一天。事实上，整体下滑趋势已经显现，任何一个不起眼的事件都会成为引发下跌的导火线，只是为时较为短暂，不易为已被冲昏了头脑的投资人注意而已。

阶段七：卖压白热化，股价加速下跌，投资人再度陷入悲观境地。然而，他们依然不关心股票背后的公司内在价值，似乎也全然不在意股价的连番大跌正在日益接近股票的内在价值，他们唯一焦虑的是每时每刻都在被侵蚀、流失的账面获利，并想着为避免认赔而寻求一条杀出重围的机会。这时候，股票交易价格常常甚至低过公司的内在价值。

我们成百上千次地看到过类似的循环模式在不断上演，有时完成这一循环需要数年，有时却只要几个月甚至更短时间。最不寻常的是投资人并未因此总结学习使自己的投资行为变得聪明一点，到

本杰明·格雷厄姆(Benjamin Graham)

● 如果总是做显而易见或大家都在做的事，你就赚不到钱。

● 每个人都知道，在市场交易中大多数人最后是赔钱的。

● 投资者要以购买整家公司的态度来研究一种股票。

了下次循环开始时，他们在另一只或另一类股票上依然如法炮制，重蹈过去操作的覆辙。

6．行为财务学的研究给我们从心理学角度提供了市场是否有效率的有力依据，即人们在在处理财务时常犯许多愚蠢的错误并且做出不合逻辑的假设。美国学院派学者莫尔·泰勒（Mooer Talor）深入挖掘心理学概念，进而解释人们思考中非理性部分，它们包括：

许多心理学研究都指出，投资人的误判通常发生在他们过分自信的时候。如果你对一群驾驶员做问卷调查，问他们是否认为自己的开车技术优于别人，相信绝大多数的人都会说他们是最优秀的驾驶者，相对地也留下了到底谁是最差驾驶者的问题。再举另一个医学方面的例子。一般来说，医生都相信他们有90%的信心能够治愈自己的病人，但事实表明他们的成功概率只有50%。

其实自信本身并不是一件坏事，但过分自信则另当别论。当投资人在处理个人财务事宜时，过分自信就特别具有杀伤力。过分自信的投资人不仅会做出愚蠢的决定，同时也对整个市场产生影响力，因为这个市场就是由这些自信或不自信的投资人个体组合而成的。

通常，投资人在市场上都喜欢表现出高度自信，因为他们相信自己比其他人来的更聪明，可以独具慧眼地挑选会赚钱、会生金蛋的股票，或者在决定买基金时挑选到可以击败大盘的基金经理人。他们倾向于掌握不同于其他投资者更多的市场信息，高估自己的操作知识和技能。他们中有的还将这份自信在网络或其它媒体加以散布，发表自己的见解和看法，而对那些不符合自身预期的信息则嗤之以鼻。他们会去思考随手可得的信息，而不去收集鲜有人获得的更深入、更细节的信息。他们热衷于市场的小道消息，以比沾沾自喜，并作为一种自信来进行投资入市。

有什么证据可以拿来证明投资人的这种过分自信呢？根据效率市场理论，投资人应该买进而且持有股票，但我们却发现市场中短线交易情形有增无减，即便是已大开价值投资之风气的当今，市场短线操作行为仍然十分普遍，甚至可以说猖獗。泰勒认为 大多数投资人和基金经理人都以为自己掌握着"来源可靠"的信息，他们的操作绩效当然也超越别人。

太过自信可以用来解释为何有这么多投资者会在市场中犯错，他们似乎从所收集到的资料中获得了太多信心，进而认定自己的判断绝不会有错。假如所有投资人都认为他们手中握有的信息是正确的，而且认定这一大堆的信息都是其他投资人所不知道的 其结果必然导致大量冲动的短线交易。这是产生股票市场波动的一个主要原因。

普林斯顿大学心理和公共事务教授丹尼尔·卡内曼（Daniel Kahneman）说："投资者很难想象自己不比一般人聪明。"但残酷的事实是，并非每个人都比一般人聪明。过分自信不但能用来解释过度的市场短线交易行为，也可以解释过去多少年来市场上所经历过的种种反复无常。卡内曼相信，过分自信的结果必然造成过分非理性。在这一点上，前美国联邦储备委员会主席格林斯潘也提出过相同警告。但是，尽管有理智的人士不断在告诫大家股票价格已经

本杰明·格雷厄姆(Benjamin Graham)
● 如果总是做显而易见或大家都在做的事，你就赚不到钱。
● 每个人都知道，在市场交易中大多数人最后是赔钱的。
● 投资者要以购买整家公司的态度来研究一种股票。

过高，投资人还是争先恐后地蜂拥进入到已经疯狂的股市里。

个人会因错误判断影响其投资成功。当成千上万人做出错误判断，这种集合起来的力量有可能大到颠覆市场，并将市场推向毁灭之途。市场上盲从潮流的吸引力是如此之强，以致加总起来的错误判断倍数使情况变得更糟。在充满非理性行为的股票市场中，少数以理性行动的人会是大劫难中绝无仅有的生还者。

总之，在很多情况下，投资者只是基于对证券市场的一种自我理解和自我诠释。由于投资者的认识与证券市场之间不断存在着互动，加之投资者认识上的不完全，投资者作为市场参与者是无法客观地树立起真正的市场标准的。可以说，投资者研究市场、认识市场，以及以此作为指导自身的市场投资行动时，常常是以偏见作为替代的。深入探讨这个问题后，我们可以十分确信股价最终是没有效率的，进而判断出市场是没有效率的。如果金融市场真如有些学者声称的那样有效率，我们应当可以见到在基金经理人、信托公司职员和投资人中战胜市场者会和被市场击败者的数目一样之多，即战胜和落后市场的概率各半。然而，事实上，大多数的专业人士都败给了上证综指50指数。例如，多年累计下来有超过90%的基金经理人的基金绩效落后于上证综指50指数。这些数据背后深含的意义再次表明，市场绝非是有效率的。

## 市场真的可以预测吗？

市场到底是否可以预测？这个问题和我们每一个投资者的投资

决定和投资行为也有着重大关联度，因此也必须弄清楚。

　　市场预测和许多诸如自然界是否可以预测，天气是否可以预测，社会是否可以预测等等，是相同的问题。本书作者的回答是，任何趋势预测是可能的，但要预测到精确却不可能，如果真有什么"精确"预测的话，那也只是概率统计的一种特例。一个老妇中了千万巨额彩票，并不是她预测精确的结果，而只是她遇到了一次小概率事件，让她再来一次，可以说获得巨额彩票的肯定不是她，而是其他什么人。同样，如果所有的人都能进行精确预测，那么，相信就不会有各类飞机失事等惨剧的发生。学者或分析师医为对市场熟悉的缘故可以对投资市场做出一两次判断正确的预测，但这并不表明他们对每一次市场事件都能做到精确无误，在更多情况下他们的预测可能和实际差之千里。

　　说趋势预测是可能的成功例证很多。1983年，在《第三次浪潮》一书里，美国学者阿尔文·托夫勒阐述了他的浪潮原理，书中分析，人类第一次产业浪潮发生在10000年以前，人类从此进入了农业时代。（注：阿尔文·托夫勒，美国著名未来学家。现担任著名杂志《幸福》的副主编。在记者生涯的磨砺中，对社会问题，特别是对人类向何处去的问题，发生了浓厚的兴趣，苦心钻研，终于成为知名的学者。作为杰出的未来学家，托夫勒曾任罗素·赛奇基金会特约研究员，康乃尔大学特聘教授，洛克菲勒兄弟基金会研究员，IBM和AT&T等跨国企业顾问，从事未来价值体系及社会走向的研究。托夫勒先生被人们喻为"窥视未来的眼睛"，其主要著作有《第三次浪潮》。）第二次产业浪潮始于18世纪的工业革命。第

本杰明·格雷厄姆(Benjamin Graham)
● 如果总是做显而易见或大家都在做的事，你就赚不到钱。
● 每个人都知道，在市场交易中大多数人最后是赔钱的。
● 投资者要以购买整家公司的态度来研究一种股票。

三次浪潮是即将到来的信息时代。就在托夫勒出版《第三次浪潮》图书10多年后，信息革命浪潮席卷全球。也就是这本图书，成了那个年代中国年轻人的必读书目，影响了整整一代人。

约翰·奈斯比特在全球是与托夫勒齐名的美国未来学家，20多年前，在他撰写的著作《大趋势》里，他成功预见了网络和全球经济一体化趋势。（注：约翰·奈斯比特，世界著名的未来学家，其1982年的作品《大趋势》曾是风靡全球的畅销书之一，被翻译成57种文字在海内外广为流传，销售了1400万册。约翰·奈斯比特的阅历丰富，他有着哈佛、康奈尔和犹他三所大学的教育背景，曾为美国前总统肯尼迪担当主管教育的助理秘书，前总统约翰逊的特别助理。他在哈佛大学、莫斯科大学当过访问学者，目前还是我国南京大学的客座教授，同时还是许多跨国大公司高层及政府高官的顾问。）

然而，无论是阿尔文·托夫勒还是约翰·奈斯比特，他们的预测都是建立在社会科学基础之上的趋势分析，和我们现在在中国A股市场上看到的大量在做所谓"精确"预测的分析师的做法有着天壤之别。

其实，早在1926年，德国科学家威纳·海森堡就提出了著名的"不确定性"原理，从而宣告精确预测的死亡。海森堡认为，为了预言一个粒子未来的位置和速度，人们必须能准确测量它现在的位置和速度，显而易见的办法是将光照到这粒子上，一部分光波被此粒子散射开来，由此指明它的位置。然而，人们不可能将粒子位置确定到比光的两个波峰之间距离更小的程度，所以必须用短波长的光来测量粒子位置。现在由普郎克量子假设可以得出，人们不能用任意少的光的数量，至少要用一个光量子。这量子会扰动这粒子，并以一种不能预见的方式改变粒子的速度。而且，位置测量得越准确，所需的波长就越短，单独量子能量也越大，这样粒子的速度就被扰动得越厉害。换言之，对粒子位置测量得越精准，对速度的测量就越不准确；反之，对粒子速度测量的越准确，对粒子位置就测量得越不准确。海森堡的不确定性原理提出了一个世界上不可回避的问题，即如果人们甚至不能准确测量宇宙现在的态，就肯定不能准确预言将来事件！由此及彼，我们便不难推导出证券市场未来变化是不可预测性。

任何长期观察巴菲特的人都知道他对于预测股市的看法是不要浪费时间。无论是针对整体经济发展、市场大盘走势，还是个别股票价格波动，巴菲特都强烈地认为预测未来对投资并不具有任何价值。过去的40多年里巴菲特创造了巨额财富和傲人的投资业绩，这一切都是靠大笔投资在少数绩优股上的投资策略的结果。而就在同时，一般投资人却从未专注标的公司基本面的分析，他们疯狂地追逐股票市场的走势预测。巴菲特指出，唯一可以预估的是人性的贪婪、对未知的恐惧和愚蠢。而股票市场未来的发展却往往是无法预测得到的。

预测无效性可以从投资大师中见到。1987年10月股市崩溃的前一个月，乔治·索罗斯出现在《财富》杂志的封面上。杂志刊登了他这样一段话："美国股票飙升到了远超过基本价值的程度，并不意味它们一定会暴跌。不能仅仅因为市场被高估就断定它不可维

持。"1987年10月14日，索罗斯在《金融时报》上重申了他先前的看法。可一星期后，索罗斯的量子基金随着美国股市的崩盘而损失了3.5亿多美元，他全年的盈利在短短几天内被席卷一空。索罗斯承认："我在金融上的成功与我预测事件的能力完全不相称。"

伊莱恩·葛莎莉本是华尔街一个不知名的数字分析家，她于1987年10月12日预测说"股市崩溃就在眼前"。一个礼拜后，"黑色星期一"降临，她立刻成了媒体宠儿。几年后她把她的名声转化成了一笔商业财富，她成立的基金公司让她发了财，但她的追随者们就没有那么幸运了。1994年，她的互助基金持股者投票决定终止该基金运营，原因是她在1987～1996年的整体预测记录糟糕至极，14次预测只有5次是正确的，也就是说，她的预测成功率为36%。就是用抛硬币的方法，你也会预测得更准，并赚更多的钱！

我们只需放眼世界，就可以发现许多所谓"专家"的预测成绩有多么的差劲：90%的经济学家没能预测到21世纪初美国经济的不景气。20世纪90年代初，国际大型投资机构曾预测墨西哥股市的多头市场即将到来，但没多久该国政府就放任本国货币比索大幅贬值，并引发了墨西哥有史以来最大一次股价狂跌。试问：有谁能预测到这一节外生枝的政府行为？

同样，没人预测到1997年亚洲金融风暴在一个大繁荣时期突袭而来，并像多米诺骨牌一样将东南亚和东亚新兴国家一个个击倒。相反，就在21世纪刚来临时，又有谁预见到了世界大宗商品的大多头市道正悄没声息地扑面而来。到了2005年，黄金疯狂涨到了每盎司700美元，石油每桶70美元。直到今天，国际大宗商品市场仍处在大多头市道里，价格还在狂奔突进。由于预测错误，令不少国际炒家因坐失了享受这次千载难遇的大多头投资市道而扼腕不已。

在中国，2001年上证综指在跃上历史高点2245的点位后，便出现了拐头向下的绵绵阴跌大趋势。当年这一拐就是漫长的5年，将征战股市多年的中外基金、券商、私募基金以及所有市场投资人全线套住。而2001年正是中国加入世界贸易年，中国经济在嗣后5年里也一直以10%以上的年增长率持续高速发展。而就在股市极度低迷，市场人士都不看好中国股市的时候，中国历史上最大一波牛市突然启动，上证综指一路高歌猛进。早在2005年初，当上证综指从900多点到达1300点位时，胆怯的投资人已开始退场，认为大盘已涨到头了。到2006年年底当上证综指已在1900点的高位上，市场出现了更多的兑现资金。大盘被疯狂推升到2700点位时，时间已是2007年的1月初。到1月底，大盘已在3000点附近了，4月已破4000点，6月破5000点，8月6000点大关也被攻克。

如果说市场是可以预测的话，那么，请告诉我们，有谁精准地预测到中国股市会分别于2007年1月31日、2月27日、4月19日、5月30日、10月25日，以及11月8日出现的大跌现象？又有谁能预测到中国股市在2月27日的大跌还引发了全球性股灾？承接2月27日"黑色星期二"中国股市的大跌，美国道琼斯指数随后大跌400点，跌3.29%，新兴市场股市开盘后多有3%～7%的跌幅，欧洲、日本等主要股市也纷纷大跌。习惯预测市场的那些分析师怎么也没有料到中国股市的全球影响力已非吴下阿蒙，难怪有人惊呼："中国股市打个喷嚏，世界股市伤风感冒了！"将原来的那句"美国经济打个喷

本杰明·格雷厄姆(Benjamin Graham)

●如果总是做显而易见或大家都在做的事，你就赚不到钱。

●每个人都知道，在市场交易中大多数人最后是赔钱的。

●投资者要以购买整家公司的态度来研究一种股票。

嚏，世界经济伤风感冒"作了一次前所未有的颠覆。

我们举例来看一看许多预测的结果与现实相差十万八千里。表2-1中，我们列入从1982年到1995年共16年的预测调查数据，该调查每半年预测一次美国30年公债增值利率走势结果。在所有31次预测中，从未有一次能够准确地预测准市场利率。更惊人的是，竟有高达22次的预测发生方向性的错误。

表 2-1 无效的利率预测

| 预测日期 | 预测增值率（%） | 实际利率（%） | 预测方向（%） |
|---|---|---|---|
| 1982/06 | 13.05 | 3.92 | |
| 1982/12 | 13.27 | 10.41 | 对 |
| 1983/06 | 10.07 | 10.98 | 错 |
| 1983/12 | 10.54 | 11.87 | 错 |
| 1984/06 | 11.39 | 13.64 | 错 |
| 1984/12 | 13.78 | 11.53 | 错 |
| 1985/06 | 11.56 | 10.44 | 错 |
| 1985/12 | 10.50 | 9.27 | 错 |
| 1986/06 | 9.42 | 7.28 | 错 |
| 1986/12 | 7.41 | 7.49 | 对 |
| 1987/06 | 7.05 | 8.50 | 错 |
| 1987/12 | 8.45 | 8.98 | 错 |
| 1988/06 | 8.65 | 8.85 | 对 |
| 1989/06 | 9.25 | 8.04 | 错 |
| 1989/12 | 8.12 | 7.97 | 错 |
| 1990/06 | 7.62 | 8.40 | 错 |
| 1990/12 | 8.16 | 8.24 | 对 |
| 1991/06 | 7.65 | 8.41 | 错 |
| 1991/12 | 8.22 | 7.39 | 对 |
| 1992/06 | 7.30 | 7.78 | 错 |
| 1992/12 | 7.61 | 7.39 | 对 |
| 1993/06 | 7.44 | 6.67 | 错 |
| 1993/12 | 6.84 | 6.34 | 错 |
| 1994/06 | 6.26 | 7.61 | 错 |
| 1994/12 | 7.30 | 7.87 | 错 |

| 预测日期 | 预测增值率（%） | 实际利率（%） | 预测方向（%） |
|---|---|---|---|
| 1995/06 | 7.94 | 6.62 | 错 |
| 1995/12 | 6.60 | 5.94 | 对 |

资料来源：《华尔街日报》，1998 年 6 月 30 日修订。暂缺 1988 年 12 月数据。

用巴菲特的一句话加以总结，那就是"不要试图云预测市场"。巴菲特的许多忠实追随者坚持预测市场的未来走势不具有任何意义，他们能够不受股票市场中"算命先生"的干扰，自行规划自己的投资组合。然而，大部分投资人却常常不由自主地被那些号称预测股票市场准确无比的分析师所吸引。嘉伯礼曾一针见血地指出，从历史轨迹看，人们总是容易被一些号称能预测未来的先知、概念或系统所深深吸引。只要一些算命先生、巫师、市场先知、经济学家等随便说一句"我现在可以告诉你明天将会发生什么事"，就能够吸引千百万人的目光。虽然历史上已经充满了一大准预测失败的例证，但算命先生仍然会层出不穷，因为他们知道总是能在市场中找到那些心灵饥渴的听众。

尽管未来不可预测，但有一点还是可以确定的，那就是优秀的标的公司终究会在股价上反映出其投资价值来，从这一云意义上说，且也只有从这一意义上说，未来才是可预知的。但是，我们却无法知道这个投资价值要等到何时才会反映出来。我们只知道所有的股票价格都会上下波动，却无法预知到底这些股票在未来的一年是波动向上还是波动向下。从巴菲特的投资策略中我们可以领

本杰明·格雷厄姆(Benjamin Graham)

● 如果总是做显而易见或大家都在做的事，你就赚不到钱。

● 每个人都知道，在市场交易中大多数人最后是赔钱的。

● 投资者要以购买整家公司的态度来研究一种股票。

悟到，投资人其实无需沉溺在对股票短期走势将如何的无谓的预测中，重要的是投资人是否已投资在好的标的公司上，选择长期获利高于市场平均水平的绩优股，将资金重押在几只这样的股票上，不论短期股市如何震荡，都对自己所持的股票长抱不放，直到价格真正体现出这些股票价值为止。

## 时间和复利，价值投资制胜的不贰法宝

纵观巴菲特的投资策略，我们可以用一句话概括它的核心：以大大低于内在价值的价格集中投资于几家优秀企业的股票并长期持有。以后的事情就变得十分简单了，那就是，耐心，耐心，还是耐心。多年的投资经验告诉我们，耐心是最重要的，耐心是成功的前提！在实战中，无论你运用什么方法选股，最终的成功与否，都将取决于一种能力，那就是不理睬环境的压力，甚至危机，坚持直到投资成功的毅力。决定投资能否成功，往往不是自己有多么多么聪明，而是耐心，没有耐心的投资者即使再聪明，往往经不起市场诱惑和打击频繁换股操作，最后被市场淘汰。

历史资料显示，每个人都知道龟兔赛跑的故事，也知道这个故事的重要意义：短期内兔子的快跑并不意味着它比赛的最终胜利，但从长期看，乌龟的慢爬却为它赢得了最后金牌的胜利。投资其实就是一个龟兔赛跑的简单道理。可惜很少有人知道这个故事在长期投资中的重要意义。对于投资者来说，一时的暴利并不代表他在长期（数年甚至数十年）内的赢利，但经常的微利却可以转化成长期

内的巨大收益。在决定长期赢利的诸多因素中，没有比时间和复利更重要的了，这两个因素几乎成了投资人制胜必须倚靠的不贰法宝。

富兰克林说："复利这块神奇的石头是能够把铅变成金子的。记住，金钱是会增值的，钱能生钱，钱能生更多的钱。"爱因斯坦也说过："人们所知道的最大奇迹是什么？是复利。"巴菲特指出"如果西班牙女王不支持哥伦布航海而将3万美元以4%的复利进行投资，到1962年是2万亿美元，到1999年是8万亿美元，相当于美国全年的GDP（这里巴菲特指的是1999年的GDP——作者安。）那么，世界上最强大的国家可能是西班牙。"（注：陈晓栋，"价值投资的秘密——长期内复利能够战胜一切"，http://blog.china-cbn.com/，2006-2-21）

从投资角度看，复利计算的公式是：本利=本金×（1＋利率）期数。也就是说，采用复利的方式投资，最后的报酬将是每期报酬率加上本金后，不断相乘结果，期数愈多（即愈早开始），获利就愈大。假定某项投资每年有10%获利，若以单利计算，投资100万元，每年可赚10万元，十年可以赚100万元，多出一倍。但如果以复利计算，虽然年获利率也是10%，但每年实际赚取的金额却会不断增加，以前述的100万元投资来说，第一年赚10万元，但第二年赚的却是110万元的10%，即是11万元，第三年则是12.1万元，等到第十年总投资获得是将近160万元，成长了1.6倍。这就是通常所说的"复利的魔力"。

至今为止，人们耳熟能详的股票市场上的马拉松世界最好成绩是由巴菲特创造的，他在40多年投资生涯里由于坚持价值投资法

本杰明·格雷厄姆(Benjamin Graham)

● 如果总是做显而易见或大家都在做的事，你就赚不到钱。

● 每个人都知道，在市场交易中大多数人最后是赔钱的。

● 投资者要以购买整家公司的态度来研究一种股票。

则，其年复合收益率在20%以上，成为世界上少数几个最富有的富豪，同时也让一大批他的追随者变成百万富翁。我在我出版的图书《长捂不放：长牛震荡中的炒股策略》中引用了一个普通得不能再普通的美国人山姆的经典例子来再次证明，除了巴菲特以外，这种复利创造财富的惊人性：

"1926年到2002年，美国国内居民收入和生活水平持续增长，综合国力蒸蒸日上，假如在1926年一个普通的美国人山姆出生了，那他如何从整个国家的繁荣中获利，让自己以及自己的下一代也过上好日子呢？1919年，也就是在山姆出生之前不久，福特汽车公司推出了一款面向大众的廉价汽车——福特T型，推出时售价是1000美元。到了山姆出生的时候这款汽车已经降价到了七八百美元。山姆的父母本打算买一辆这种汽车，但是因为山姆的出生，家里的花费增加，他们决定把这800美金用于投资，以应付山姆长大以后的各种费用。他们没有专业的投资知识和手段，也不知道如何选择股票，于是他们选了一种相对稳妥的投资——投资于美国中小企业发展指数基金。

"和许多中小投资者一样，他们没有把这个投资太当回事，因为投入的本金不是很多，加上对一些专业的术语也不太懂，投资以后，平时也不怎么放在心上，慢慢就把这事给忘了，直到过世时才把这部分权益转给了山姆。在老山姆75岁生日那天，他清理自己的东西，偶然间翻出了当年的基金权利凭证，给他的基金代理人打了个电话询问现在的账户余额。放下代理的电话，他又给自己的儿子打了个电话。老山姆只对儿子说了一句话：你现在是百万富翁了。

因为老山姆的账户上有3842400美元！"（注：程超泽，《长捂不放：长牛震荡中的炒股策略》，北京：北京大学出版社，2007年，第88～89页。）

拿美国市场从1926年到2002年的历史数据加以分析，我们惊奇地发现，即投资美国中小企业股票75年的累积收益率是4803倍，投资大公司股票的累积收益率是1548倍，对应的年均收益率分别是17.74%和12.04%。也就是说，当年如果用1000元投资于两者之中任何一只基金，然后什么都不用干，现在都可能变成百万富翁。要知道，这75年间，山姆经历了1929年的股市大崩溃、30年代初的经济大萧条、40年代的世界大战、50年代的人口爆炸、60年代的越战、70年代的石油危机和萧条等等让众多投资者倾家荡产、血本无归的种种危机，但山姆却立于不败之地。

同样的故事不止发生在美国，几乎在世界所有经济强国都可能复制出类似山姆的投资故事来。读者可能会反唇相讥说，你说的是美国，西方最成熟最发达的市场！在中国非效率市场里，哼，价值投资不可能！但以下的一连串数字演变背后，同样表明了复利制造的巨大财富增值效应：15年前，万科A以14.58元的价格挂牌深圳证券交易所，成为深市最早期的"老八股"之一，15年后的今天，万科A复权股价已经高达2048元，增长139倍；6年前，贵州茅台首日挂牌31.39元，历经许多年的牛熊市反复，这只知名的一线白酒股，翻了17倍；3年前，苏宁电器开盘价29.88元，时至今日，苏宁电器复权股价已近4位数，真正今非昔比；1年前，保利地产以20元的价格亮相交易所，目前的复权价近130元，是开盘价的6.5倍。我们在

本杰明·格雷厄姆(Benjamin Graham)

● 如果总是做显而易见或大家都在做的事，你就赚不到钱。
● 每个人都知道，在市场交易中大多数人最后是赔钱的。
● 投资者要以购买整家公司的态度来研究一种股票。

第二章描述的刘元生坚守万科18年的故事，便将告诉人们复利是如何打造巨量财富的真相。

无论是巴菲特、山姆，还是刘元生，他们都在揭示一个真理，那就是只要你有足够的耐心与长远的投资计划，复利本身就会帮助你走向真正的投资成功。投资股市最危险的是什么？没有复利制造能力。一个人如果不能形成复利制造能力，无论牛市多久，赚了多少钱，在五年、十年循环之后，98％的人是亏损的。真正的成功是复利所致！所以，成功的关键是设立一个长期可行的投资方案，然后耐心地、持之以恒地去做，这样成功才会离我们越来越近。

## 未来将重奖集中投资者

我们投资仅集中在几家杰出的公司身上。我们是集中投资者。

——沃伦·巴菲特

如果把巴菲特的投资策略以一句话加以总结的话，那就是集中投资战略。这是一种有别于活跃派资产投资组合，但又能击败指数基金的战略。英国经济学家约翰·梅纳德·凯恩斯的思想构成了巴菲特集中投资的雏形。费舍尔是著名的集中投资家，他对巴菲特的影响在于，他坚信当遇到可望而不可即的极好机会时，唯一理智的做法就是大举投资。然而集中投资这种科学合理的方法与人们想象的多数经验丰富的投资者的做法大相径庭，就是在西方，也被很多投资人所忽略。直到历经了20世纪90年代的新经济风潮衰退后，西方投资人才开始重新认识集中投资为何物。

集中投资是一个极为寻常的投资策略，但实质上根植于一套复杂的彼此相关联的概念之上。如果我们将这个想法"举起来迎着光"仔细观察它的方方面面就会发现，它的深度、内涵以及坚实的思想基础都蕴藏于清亮的表面之下。集中投资的精髓可以简要地概括为：选择少数几种可以在长期拉锯战中产生高于平均收益的股，将大部分投资资本集中在这些股票上，不管股市短期跌升，坚持持股，稳中取胜。

集中投资者必须掌握的最复杂原理是选股模式。"找出杰出的公司"。多年来，沃伦·巴菲特形成了一套他自己选择可投资公司的战略。他对公司的选择是基于一个普通常识，即如果一家公司经营有方，管理者智慧超群，它的内在价值将会逐步显示在它的股值上。巴菲特的大部分精力都用于分析潜在企业的经济状况以及评估它的管理状况，而不是用于跟踪股价。巴菲特使用的分析过程包括用一整套的投资原理或基本原则去检验每一个投资机会。巴菲特的基本原则将带你走进那些好的公司从而使你合情合理地进行集中证券投资。你将会选择长期业绩超群且管理层稳定的公司。这些公司在过去稳定求胜，在将来也定会产生高额业绩。这就是集中投资的核心：将你的投资集中在产生高于平均业绩的概率最高的几家公司上。比如，巴菲特的投资企业原则是：这家企业是否简单易懂？这家企业是否具有持之以恒的运作历史？这家企业是否有良好的长期前景？巴菲特德管理原则是，管理层是否理智？管理层对它的股民是否坦诚？管理层能否拒绝机构跟风做法？巴菲特财务原则是，

本杰明·格雷厄姆(Benjamin Graham)

● 如果总是做显而易见或大家都在做的事，你就赚不到钱。
● 每个人都知道，在市场交易中大多数人最后是赔钱的。
● 投资者要以购买整家公司的态度来研究一种股票。

注重权益回报而不是每股收益，计算"股东收益"，寻求高利润率公司，公司每保留1美元都要确保创立1美元市值。巴菲特市场原则是，企业的估值是多少？企业是否会被大打折扣以便低值买进？

集中投资显然是建立在逻辑学、数学和心理学原理的精华上，"押大赌注于高概率事件上"。对你所做的每一笔投资，你都应当有勇气和信心将你净资产的10%以上投入此股，故巴菲特说理想的投资组合应不超过10个股，因为每个个股的投资都在10%。集中投资并不是找出10家好股然后将股本平摊在上面这么简单的事。尽管在集中投资中所有的股都是高概率事件股，但总有些股不可避免地高于其他股，这就需要按比例分配投资股本。玩扑克赌博的人对这一技巧了如指掌：当牌局形势对我们绝对有利时，下大赌注。

与概率论并行的另一数学理论，凯利优选模式（Kelly Optimization Model），也为集中投资提供了理论依据。凯利模式是一个公式，它使用概率原理计算出最优的选择。当巴菲特在1963年购买美国运通（American Express）这个银行股时，他或许已经在选股中运用了优选法理论。20世纪50年代到60年代，巴菲特作为合伙人服务于一家位于内布拉斯加州奥玛哈（Omaha）的有限投资合伙公司。这个合伙企业使他可以在获利机会上升时，将股资的大部分投入进去。这个机会到1963年时终于来了。由于提诺·德·安吉利牌色拉油丑闻，美国运通的股价从65美元直落到35美元。当时人们认为运通公司对成百万的伪造仓储发票负有责任。巴菲特将公司资产的40%共计1300万美元投在了这个优秀股票上，占当时运通股的5%。在其后的2年里，运通股价翻了三番，巴菲特所在的合伙公司赚走了2000万美元的利润。

　　集中投资是广泛多元化、高周转率战略的反论。在所有活跃的炒股战略中，只有集中投资最有机会在长期时间里获得超出一般指数的业绩，但它需要投资者耐心持股，哪怕其他战略似乎已经超前也要如此。如果我们去问巴菲特最佳持股时间长度，他一定会说："永远。"只要这家公司的基本面表现胜人一筹，公司盈余有合理增长，就没有必要急于脱手所持有的股票。巴菲特说："此时一动不如一静，这是最理智的决定。因为对大多数公司经营者来说，不会因为中央银行有可能调整贴现率，或因为华尔街专家对市场发表自己的看法，就冲动地决定脱手旗下的高获利子公司。如果大股东都不因此出手股票，为什么我们这些小股东就要急着有所动作呢？"

　　巴菲特表示："如果采取长期低周转率的投资策略，投资者将会发现，当初很少的持股量随着上市公司的送转股，最后衍生出较多股权。如果遵循这种长期持股策略，投资人就好像买下了一群未来能够成为篮球明星的大学生，这群学生中的大部分人有望进入NBA职业篮球队。当初投资人在他们身上的投资利益，也就因此水涨船高，呈现倍数增长。那些建议投资人出手绩优的投资标的公司，就如同建议芝加哥公牛队赶快把迈克尔·乔丹卖给别的队一样愚蠢。"

　　投资人一旦选择买入一种或几种股票后就不要频繁变动。或许那些已经习惯于短线进出的投资人会对这种策略感到可笑，但持股低周转率除了能使报酬水准较一般的高之外，至少还有另外两个好

处：一是降低交易成本；二是增加税后盈余。其中任何一项都极具价值，更何况两者加总在一起，对投资组合获利会有更大的好处。

持股低周转率除了能使报酬水准较一般的高之外，至少还有一个好处，那就是降低交易成本。以芝加哥为总部专门研究共同基金业绩表现的晨星公司指出："全美国3560只基金中，周转率越低的共同基金的成绩表现比高周转率的基金要好很多。"此项研究同时发现，在10年中周转率低于20%的共同基金的报酬率远高于周转率100%的基金，达14%之多。周转率指标如此重要，但却是最容易在实际操作中被人们忽视的一个环节。

一旦所得需申报个税的政策实施，税赋将成为投资人的另一项负担重大的费用，因为它比手续费、佣金还高。在美国，课税已成为投资人基金报酬率不佳的一个很重要原因之一。美国基金经理人罗伯特·费弗里（Robert Feffery）和罗伯特·阿诺特（Robert Arnott）表示："税赋对我们而言是一个天大的坏消息。"知名的《投资组合管理》杂志刊登了他们两人所写的文章，题目就叫"你的获利是否足够支付赋税？"（Is your alpha big enough to cover its taxes？），这篇文章引起投资界的广泛讨论。他们在文章中写道："好消息就是还有其他可以大幅度降低这些常常被人们忽视的税赋问题的投资策略。也就是说，这些策略是解决另一个常被忽视的常识性问题，即未实现利益的庞大价值的方法。当一只股票的价格在不断上涨，但没有卖掉，它所增加的价值就是未实现利益。如果不将股票卖掉，就不存在被课以资本利得税的问题。如果你保留此资本利得，复利乘数效应会使你的获利变得更为可观。"

冷静地观察持股低周转率，其每年的资本利得如果经过复利计算，20年后，你将会有一笔非常可观的利润，这就是为什么富兰克林说复利这块神奇的石头是能够把铅变成金子的。

那么，什么策略可以使投资人降低周转率呢？其中一个方法就是采用巴菲特的价值投资策略。费弗里和阿诺特说："投资人最要紧的是建立一个长久的投资组合，不过这个建议听起来有点像是那些婚姻咨询专家在你结婚前所给出的建议。"巴菲特的老师、美国著名的老一代投资家蒙哥解释道："在今日的投资理财观里，每个人不但想赚钱，还都希望使每年的获利额起码不要输给别人太多，能赢别人很多当然更好。从一个理性消费者的观点看，我们整个投资环境是相当疯狂的，一大堆有才华的人都在从事一些无用的交易活动。"美国著作家兼投资经理人伯恩斯坦认为，在这种基金经理人业绩比赛的游戏中，风险不在于自己拥有的股票，而在于你所没有的股票，因为别人持有的股票报酬率可能比你的股票高。如果基金经理人的短期业绩表现不如其他人的表现，他们就将面临失去客户和被老板炒鱿鱼的极大风险。"蒙哥说："害怕短期业绩低于整体市场报酬已经扭曲了整个投资业的心态。"但是，基金经理人还会辩称："我们必须那样做，因为那是衡量我们行为的最重要标准之一。"基金是这样，个人投资者也是如此，害怕自己的投资赢利短期业绩低于别人或整体市场报酬，也扭曲了他们投资业的心态。

最后我们以蒙哥说的话作为本节的结语，即："伯克希尔公司（巴菲特的公司——作者注）的投资不疯狂追求短线进出的获利额，因为这才是真正符合投资资本本质的有效方法。"

本杰明·格雷厄姆（Benjamin Graham）

● 如果总是做显而易见或大家都在做的事，你就赚不到钱。

● 每个人都知道，在市场交易中大多数人最后是赔钱的。

● 投资者要以购买整家公司的态度来研究一种股票。

# Index2

# 第二章

## 价值投资在中国行不通？

巴菲特被世界公认为投资界中最成功的专家，其成功的奥秘有两点：一是"长期持有"；二是"忽略市场"。如果遵循巴菲特的价值投资法则，在万科（000002）1991年1月20日上市当日投资1万元，持有到现在应该是480万；如果当时投入10万持有到现在，是4800万。很多人包括一些权威人士在中央2台理财教室讲课时都说巴菲特的理念在中国行不通，只有在美国才能造就巴菲特。巴菲特先生相当成功的投资战例是持有华盛顿邮报27年涨了86倍，平均每年3.1倍，而如果你在中国持有万科18年至今，可以达到400多倍，每年有20多倍的收益。如果持有苏宁电器3年有30多倍，持有五粮液、茅台、云南白药、天威保变、民生银行、招商银行、潞安环能、保利地产等等都有相当不错的业绩。那些拿出N个理论说长线价值投资在中国行不通的人，其实不懂得经济只会越来越繁荣，股票指数也会随着经济发展而逐步趋升的基本原理。既然股票的价格总体趋势向上，那么投资者只要买进时的选择理由没有改变，他们唯一要做的就是耐心和时间，不为股票额度短期涨跌所动。有关这一点，无论是美国，还是中国，都将遵循经济向上的法则。

# 一场发生在我网博里的大论战

我2007年7月5日的博客"未来将重奖集中投资者"和2007年7月6日的博客"股民啊，你拿什么拯救自己？"，讲的是价值投资的主题，但令我始料未及的是，就是这两篇连在一起的博文竟一石激起千重浪，点击数高达6万之众，更重要的是，博客网友评论栏里录得近两百多条的评论。评论有反对价值投资的，也有赞成价值投资的，正反两方面争论激烈，用"针尖对麦芒"来形容发生在我博客里大辩论，可以说一点也不为过。

## 反方

——又是一个卖贱货的。（这个网友指我贩卖"价值投资"这个贱货。——版主说明）

——长期没用，我等了10年，一个下跌又回到了解放前。

——说这话不是别有用心就是书呆子！在中国有价值投资么！工商银行之类你长捂不放试试！半年收益负增长！

——你这套教科书一样的说教在中国行不通！否则就不叫中国特色！

——长期持有，来回做电梯，收益真能最大吗？

——纯粹是扯淡的空话。谁不想这样投资，说得轻巧，好像真是个明白人，那请您给我推荐那么几个像你所说的股票，有吗？想当年四川长虹和深发展是不是市场公认的绩优成股，我还操作过，

菲利普·A·费雪（Philips A Fisher）

● 证券业者晓得每一家公司的价格，但对其价值却一无所知。

● 我找到一家多年来营业额和盈余成长率远超过整体行业的公司。

● 成长型投资人偏爱几年后获得高额收入，而不求今天拥有最高报酬。

不过我可压根没相信什么拿着不放的鬼话，17块买入深发展，47.78全部抛掉，你试试看，拿着不放又能怎么样呢？中国没有牛市，也没有真正的熊市，只有猴市、政策市，弄清楚这一点，才能多赚少赔。

——为什么我们价值投资言必称巴菲特？历史和经验证明，我们要有中国特色！一国两制如此，价值投资也应该如此吧！

——在我们国家没有什么价值投资，特别是股市，很简单的一个道理，人家是老牌资本主义，我们虽然也想搞资本了，但是，不要忘了我们现在是一个"社会主义特色的资本主义"，前面加上的这一块，你就可以想到，股市里的钱是你小股民赚的吗？

——价值投资没有错！但中国有美国那么多、那么优秀的，具有上百年历史的老牌公司吗？

## 正方：

——在牛市中能让你赚钱的不是你的头脑，而是你的屁股，要有耐心坐得住。

——价值投资，耐心等待，长期持有！

——老师说得很有道理，我身边挣钱的人大都是长期持有的坚定者，所有的炒短手早就利润回吐，更多的是赔本。坚信自己的选择，胜利就在前方！

——非常赞同老师的观点。看了一些回帖，部分网友对你不怎么友善，你知道为什么吗？人的观点、观念、思想永远不可能是一样的，他们短线操作，想的就是一夜暴富，心浮气躁，暂时下跌几天就受不了啦。林子大了什么样的人都有嘛！

——那些甘愿被机构像对羊群那般驱使的人，那些不愿接受价值投资核心法则的人，终将被无情的股海淹没。真理永远在少数人的手里，他们除了骂人、抱怨，就是不愿反思。

——我以前一直学习罗杰斯，但今年开始学习巴菲特，感受到另一种智慧和全新的境界，用耐心、定力战胜浮躁、诱惑和恐惧，风动、幡动、K线动，但心始终不动。

——正如您所讲：作为价值投资者是孤独的，在我们这样一个从众心理极强的民族里，只有少数投资者才会认真学习价值投资法则，也只有价值投资者才是少数最后的赢家。

——3楼的不承认有价值投资，为何不试一试。我本人于1996年3月以3元多价格买入1000股深万科（000002），从此一直未卖，经过多次送配股，当初的1000股现已变成16200多股，投资成本3000多元＋二次配股价5000多元，约8000多元。按2007年7月6日收盘价19.38计算，市值已达31万多元，投资回报不言而喻。10多年间大盘大起大落，但时间证明一切，价值投资战无不胜。

——一些网友说，买了某某股握到退市。还云云什么工商银行握了半年，一也动不动。对于有这些看法的人，我感觉还应该多学学究竟什么是价值投资。价值投资并不是买一只股票进来单纯长放就行了，你首先应该考查这只股票是否具有长期投资价值，是否能保证二十年、三十年公司的赢利没有问题。有人要问：在中国谁能保证哪个公司连续赢利二十年，可以明确地告诉你"工商银行"就能，它是中国民计民生，它要跨了你的钱放在中国的任何地方也都完了，

菲利普·A·费雪（Philips A Fisher）

● 证券业者晓得每一家公司的价格，但对其价值却一无所知。
● 找到一家多年来营业额和盈余成长率远超过整体行业的公司。
● 成长型投资人偏爱几年后获得高额收入，而不求今天拥有最高报酬。

有政府在，就有四大国有银行在。就在中国政策市里，照样可以进行价值投资。看看"深发展"，上市到现在翻了 800 多倍，"苏宁电器"三年翻了 30 多倍。还有很多这样的好企业，你能说政策市里就不能进行价值投资了？至于握半年就想大涨的价值投资法，我们只能苦笑以对了。

——坦率地说，做投机，我做了十多年，最终没有取得成功。因此，对证券投资我灰心过，失望过。一段时间里，我博览了证券投资方面的书籍，也在反思着自己走过的十年证券投资之路，最后得出的一个结论就是：以前发财心太急，频繁短炒，没有信念，所以亏钱。投机让我耗费了十年，十年没有成就什么，反而是最近的几年做的价值投资让我重新认识到证券投资其实并没有那么累，赚钱没有那么难。

价值投资是逆大众的思潮而动，与大众的思维是相抵触的，也难怪，大多数的人走的是投机的路。大众的投资之所以大多失败，胜者寥寥，最主要的一点是没有坚定的信念，求财心太急，欲速财不达。不要急于一年赚多少，理财要重在长远，让复利帮我们的忙。最重要的是不要亏损，今年赚了一倍，明年亏损50%，那等于没赚，而如果每年只赚25%，长此与往，年复一年，我们的财富该增长多少。经济学告诉我们价格围绕价值波动，在股市里，我们却很少关注价值本身，而只关心价格，最终导致亏损。

走了很多弯路，回到价值投资这条路上，没有错。是价值投资让我对自己充满自信，我的信念就是做一个孤独而富有的价值投资者。

　　——这两天股市里的暴风雨不可谓不疯狂，我损失了不少白花花的银子，但却得到了更强的抗打击能力。其实不管股市中的风雨多大，我手中的股票质地还是没变。如果认为自己手中的股票有投资价值，那么不管在涨升还是暴跌下，我所要做的就是捏紧手中的股票，冷静地欣赏大盘的表演，直至股价真实地体现出股票的内在价值，然后卖出。在这相对漫长的价值回归途中，也许恐惧、寂寞、痛苦、后悔会伴随在身边，但我认为这些对我来说绝对是磨炼而不是摧残，因为我始终认为只要有价值的东西在市场最终会像金子一般发光的。

　　做价值投资往往是寂寞的，要忍受股价下跌时带来的恐惧与痛苦，也要控制股价上扬时内心的贪婪与盲目，同时又不能受到其他人的思维影响，更不能把自己的理念强加于人，因为他人并不一定能够与你一样忍受长期的孤独。以往的经验告诉我们，在牛市中，最大的赢家是长线守仓者，而不是进出频繁的短线高手。

　　——这一段时间，垃圾股涨势惊人，但我没有动过心。为什么？就是为了坚守自己的价值投资理念。十年投机咱走过来了，投机让我几乎破产，投机不但没有让我赚到什么，反而让我对这个市场绝望过，也对自己绝望过。可是，是价值投资让我起死回生，重新找回了自信。不光是我，试问，长期做投机的，有几人能活得不错？而那些过得阳光灿烂有滋有味的却是价值投资者。价值投资犹如一个远航者在黑夜里看到了远方灯塔的那束耀眼的光芒，它让我看到希望。我不可能再回到过去那条投机的道路上去。现在，我变

菲利普·A·费雪（Philips·A·Fisher）

●证券业者晓得每一家公司的价格，但对其价值却一无所知。

●我到一家多年来营业额和盈余成长率远超过整体行业的公司。

●成长型投资人偏爱几年后获得高额收入，而不求今天拥有最高报酬。

得越来越来越坚定，是价值投资让我如此自信。虽然这两个月，我赚的不多，但我很满足。我的组合平均上涨超过50%，超过同期大盘的涨幅。这个收益够了，更重要的是风险很小。我并不在乎短期内自己的投资收益，而是追求长期复利的增长。我敢这样说，我能年复一年地跑赢大盘。

于是，发生在我博客里关于价值投资的大辩论，旗帜鲜明地提出了一个颇具挑战性的话题：价值投资在中国究竟是否行得通？在这方面，在中国资本市场的QFII（注：QFII是Qualified Foreign Institutional Investors（合格的境外机构投资者）的简称，QFII机制是指外国专业投资机构到境内投资的资格认定制度。）作为一种过渡性制度安排，QFII制度是在资本项目尚未完全开放的国家和地区，实现有序、稳妥开放证券市场的特殊通道。包括韩国、台湾地区、印度和巴西等市场的经验表明，在货币未自由兑换时，QFII不失为一种通过资本市场稳健引进外资的方式。在该制度下，QFII将被允许把一定额度的外汇资金汇入并兑换为当地货币，通过严格监督管理的专门账户投资当地证券市场，包括股息及买卖价差等在内各种资本所得经审核后可转换为外汇汇出，实际上就是对外资有限度地开放本国的证券市场、中国基金、私募基金，以及投资小股民都为价值投资作了有效注解，价值投资正在中国掀起一场悄悄的革命。

## 初试价值投资啼声

2002年11月5日，《合格境外机构投资者境内证券投资管理暂行办法》正式出台。2003年12月中旬,渠打银行香港分行、日兴资产管理有限公司QFII资格获批。至此,已有12家境外机构的QFII资格获准,投资总额为17亿美元。到2003年7月,QFII的投资理念首次浮出水面。该月,瑞士银行公布购入的四只A股——宝山钢铁600019.SH、上港集箱600018.SH、外运发展600270.SH以及中兴通讯000063.SZ,自此QFII概念颇受追捧。瑞银中国区研究部主管张化桥在接受采访时明确,QFII应重点研究四类中国公司:一是国家垄断性质的上市公司,如机场、港口、高速公路和广电类公司;二是有中国特色的公司,如五粮液、古井贡等酒类公司以及具有劳动力成本优势的纺织品公司;三是诸如TCL、青岛啤酒、联想等民族品牌公司;第四是资源类公司,包括煤矿、铁矿和旅游资源等。

就以瑞银为标志,QFII在业内掀起价值投资热潮。QFII以"价值投资"和"长期投资"作为其投资理念,坚定了2003年基金的投资理念。从2003年前首次允许合格境外机构投资者投资境内股票开始,QFII从无到有,规模也从小到大。QFII进入国内市场后,由于其投资理念别具一格,选股思路独具匠心,在A股市场取得了不俗的回报。就在2005年年底开始至今的大牛市行情中,当国内的基金公司等机构投资者纷纷抛售手中黄金般的筹码时,QFII竟在"先知先觉"中抄到了A股市场的大底。

交易所统计表明,2005年QFII的股票换手率为193%,低于基金、社保资金、券商集合理财和券商自营的换手率(分别为325%、218%、520%、360%),持股相对稳定,有利于股市的稳定。中国证监会据此认为,QFII以其全球配置理念和长期投资行为,促进了

第二章 价值投资在中国行不通?

内地股市估值体系的完善，推动了股市的稳定发展。

QFII给中国内地十年多股市带来的"价值投资"理念上的冲击波是显而易见的。

对分析师来说，实地调研是证券投资最基本的理念。瑞士信贷第一波士顿中国研究部主管陈昌华认为："QFII的投资理念总结起来就是用合理的价格购买优秀的公司，表现在实际操作中，QFII投资的股票蓝筹概念占大多数。"

东方证券人士认为，QFII以"价值投资"和"长期投资"作为其投资理念，坚定了2003年基金的投资理念。

某内地证券分析师表示，从QFII提入议事日程的那天起，中国股市就一直为QFII寻求"最优解"，而在投资理念上，QFII可以说为中国投资者进行了一次正规教育。

"在2003年整个价值投资理念的风潮中，QFII扮演的是'催化剂'的角色。"陈昌华认为，经过近几年市场的磨炼，内地市场也出现了大批基金经理，他们为证券市场的投资理念的转变做出了大量的贡献，QFII的出现只是加速了市场转型。

就在2002年到2003年期间QFII进军中国大兴价值投资时，正可谓和国内基金的价值投资理念相得益彰，一时间开启中国价值投资新风，"价值投资"很快成为国内最为广泛应用的新名词。

基金的价值投资革命表现在他们的投资理念、选股标准以及由此产生的资金动向等都对市场产生了重要影响上。而2004年6月由基金发动的一波强有力的股市大行情，第一次将基金的价值投资理念在行情中做了一次重要预演。从某种意义上说，就是这波行情，

为2005年年底至今的中国大牛市作了重要且深远的铺垫:

——根据基金2004年年报，基金前20位重仓股全部是大盘蓝筹股和二线蓝筹股。

——选股对象从过去注重单一公司基本面分析转变为加大对整个行业的基本面和整个市场宏观基本面的分析力度，通过对上市公司、行业和市场整体的综合分析，来正确选择投资对象。

——在行业因素方面，基金主要选择了：(1)交通运输类股票，其中铁路运输、港口、高速公路、航空业的龙头类个股。(2)资源紧缺类股票，其中既包括有色金属、煤炭、石油、电力等传统的资源概念，也包括拥有专利技术和配方的中药、酒等，还包括具有地域资源垄断的港口、公路等行业。(3)环保类股票。特别是(4)，消费类股票业绩优良的消费类股，如医药生物制品、社会服务业、房地产业和批发零售等等。2006年的大牛股双汇发展、贵州茅台、同仁堂、万科和金融街等，就是在那一时期发现并持有。

星转斗移。2004年至今数年，价值投资一直是基金的发展主线。随着这一理念的深化，这种价值投资在个股选择上不断发生着变化，但价值投资这一理念却始终没有改变，那就是投资行业龙头地位的股票；投资业绩稳定增长的股票；投资中国传统优势产业的股票；以及投资资源概念股票。

2006年，靠着价值投资理念八年蛰伏的中国基金业终于迎来盛世辉煌。截至12月31日，包括封闭式基金在内，具有可比数据的175只偏股型基金2006年以来的平均累计增长率达到了96.37%。其中，累计净值增长率超过100%的基金高达75只。而排在前三位

菲利普·A·费雪 (Philips·A·Fisher)

● 证券业者晓得每一家公司的价格，但对其价值却一无所知。

● 找到一家多年来营业额和盈余成长率远超过整体行业的公司。

● 成长型投资人偏爱几年后获得高额收入，而不求今天拥有最高报酬。

的景顺长城内需增长、上投摩根中国优势、上投摩根阿尔法3只基金的累计净值增长率则全部在150%以上。截至12月31日收盘，2006年以来股票投资方向基金（运作满一年）平均净值增长率达到98.58%，其中开放式非指数型股票基金为105.72%，指数型股票基金为106.25%，偏股型混合基金为98.17%。而同期上证指数涨幅为95.84%。股票型投资基金的涨幅全面跑赢了大盘，理财专家的名号当之无愧。

## 私募：在中国复制巴菲特

他们是掌管至少数亿元资金的私募基金经理，他们是经历了A股市场投资失意的"剩者"，他们是万科、招行、茅台等大牛股的幕后买家，他们也是价值投资的身体力行者，成功是因为他们复制了巴菲特的投资理念。

以2001年为分水岭，中国的私募机构形成了"南强北弱"的格局。北方的多数私募机构泥足深陷于A股市场，境况惨淡。而深圳的一些私募机构由于距离香港很近，视野所及，发现了优于A股的投资机会，因此转战香港股市。结果是，一方面避开了A股四年熊市；另一方面，其投资理念也在香港这样一个国际化资本市场中得到了升华。

李驰："第一不输钱，第二记住第一条。"（注：同威资产管理有限公司是跨区域性的国际资本管理公司，其资产管理业务主要是投资于国内及国际证券市场。公司成立于 1999 年，目前注册资本 1000 万元，主要股东是韩涛和李驰，李驰目前是同威的董事总经理。毕业于浙江大学的李驰很早就来到深圳，先后任职于宝安集团、深业集团、香港浩东国际财务投资有限公司。具有 13 年国内证券市场和 10 年香港股市的投资经历。见证多起海内外证券市场的风风雨雨，李驰自信这是最宝贵的财富之一。）

李驰领导的同威资产管理有限公司是一家私募基金性质的公司，和他言必提及的巴菲特相比，无论是人和公司都很年轻，但 15 年的时间持续保持高增长，投资业绩可谓斐然。他在讲述同威公司投资团队对价值投资的感悟和一些经典的案例时，脸上焕发着光彩：

如果一个人在市场上没有输过钱，他会自觉走上价值投资这条路吗？我觉得不太可能。人都是在失败中成长，我们也是在市场中交了学费，最终感觉还是这样做最稳妥安全。价值投资的背后其实是一些最基本简单的公理，并不是谁独创或拥有，只是谁能应用得好的问题。

巴菲特在很多场合说过，学证券投资根本不需要上大学，投资其实就是对一些最基本的人生道理的认识，很容易掌握。可是巴菲特又说，大众从来没有过向价值投资靠拢的趋势。价值投资的方法看起来简单，但做起来却很难。我们一开始没有刻意去模仿巴菲特，而是自己在摸索怎样投资成功的机会更大。后来发现和巴菲特本人、和其他做投资成功的人，想法基本一样，就是做任何一个投

菲利普·A·费雪（Philips·A·Fisher）

● 证券业者晓得每一家公司的价格，但对其价值却一无所知。

● 我找到一家多年来营业额和盈余成长率远超过整体行业的公司。

● 成长型投资人偏爱几年后获得高额收入，而不求今天拥有最高报酬。

资，先不要考虑赢，先要考虑会不会输。很多人都没有这个心态，做决策的时候只想赚钱，只要有这种心态的人，我感觉还没有入价值投资的门。

有几本书介绍巴菲特怎么做投资、怎么看市场。这些书其实也就阐明了两个观念，一是讲复利的时间价值，二是讲集中持股。概括起来就是一句非常简单的话：在便宜的时候买进一个好公司，然后长期持有。巴菲特之所以成功，是因为他很早就发现了价值投资这个真理，然后坚持用一生来实践。

巴菲特在投资上最突出的一点就是他的定力。他要是有一天不严格按自己定下的铁律做，现在的身价可能一百亿都不到。复利的增长就是差之毫厘，谬以千里。好多人也知道应该怎么赚钱，但他们就是觉得那个太慢，总想投机一下赚一大把，之后再来做价值投资。

我们发现世界上那些钱越来越多的富豪们，他们的投资不知不觉都走到一条道上了，就是买大的、好的公司的股票。巴菲特也曾经投了近百个股票，但如果把他最成功的十几个主要投资去掉之后就没有什么了。他最赚钱的还是可口可乐、吉利、华盛顿邮报、运通、富国银行等，就这六七个公司为他赚了近300亿美元。还有最近浮出水面的沙特王子阿勒瓦利德，他也投了很多股票，但最主要就是花旗银行这一笔投资让他成功的。他投资花旗银行，持有了将近16年。还有日本的首富系山英太郎，他的成功也是投资了几只日本证券市场的龙头股。这些人的做法不谋而合，超越市场的方法就是集中投资。

公募基金中也有一些成功的特例，像Legg Mason基金的基金经理比尔米勒，连续15年跑赢指数。他说如果不是契约的限制，他只会买三只股票。这说明他也是崇尚集中投资。但公募基金必须要做组合投资、配置，动不动就是几十只股票。有人研究说证券投资组合理论是20世纪的一大骗局，我很赞同。一个人去卖鸡蛋，手上提20个篮子，每一个篮子放一个鸡蛋，那才是危险，万一拎不好都掉了；不如把一个篮子的提手做结实，可以装满满一篮子鸡蛋。我们公司每年从上千只股票中精选出2到3只进行投资，回报率都相当高。

同样的道理在实业界也一样，你去看看全球500强里有几个是搞多元化投资的，一百年来硕果仅存的几乎只有一个通用电气。万科专注做房地产，陈天桥就搞一个游戏，李彦宏就搞一个搜索软件，都很成功。就像巴菲特的集中投资一样，也就投了十几只大蓝筹，足以成就他的财富。反过来说有多少炒家能终成大赢家？

从财富积累的角度来看，巴菲特是价值投资的代表，索罗斯是利用市场缺陷投机的对冲基金的代表，两者的财富差距是很大的。索罗斯被大家奉若神明，但每隔几年他就有伤元气的时候。大家印象最深的就是索罗斯成功阻击英镑，可是同样的方法在东南亚就以失败告终。所以投机真的不敢说仗仗都赢，以投机的方法是很难持续几十年复利成长的。不像价值投资，一方面可以轻松愉快地工作生活，一方面财富还在不断积累。用真正价值投资这种方法，假设能严格执行，克服各种机制上的限制和人性弱点，找到好企业长期持有，自然会获得满意的回报。

菲利普·A·费雪（Philips·A·Fisher）

● 证券业者晓得每一家公司的价格，但对其价值却一无所知。

● 找到一家多年来营业额和盈余成长率远超过整体行业的公司。

● 成长型投资人偏爱几年后获得高额收入，而不求今天拥有最高报酬。

我们现在做的，就是找到便宜的好股票买进，然后可放心去周游世界，做自己喜欢的事情。我们公司高管每年都有一两个月的时间在外旅游度假，原因很简单，投资是一项智慧的行为，而不是一种负担。你看绝大多数的基金经理，出差到哪儿打电话要问的第一件事就是行情涨跌，这种生活渐渐离我们远去。那样赚钱太辛苦了，这不是我们的追求，我们要的是"快乐投资"的境界。欣慰的是，我们已经充分体验并享受到这种"快乐投资"的人生乐趣。

做价值投资之余，其实是有很多时间的。因为你买一只股票，买对了之后，真的就没事好干了，你硬要干可能就输钱了。所以，你有充分的时间去思考，去做自己喜欢的事情。比如罗杰斯，他赚钱的数量可能无法跟索罗斯比，但他的生活方式很逍遥。我认识的许多做投资很成功的人，活得都挺潇洒轻松，只不过他们都很低调。

好的投资方法就是化繁为简。投资的公理就是不输钱。看似简单，却不是人人都可以做到，很多人就是因为缺乏耐心而失去了真正的机会。具体到分析公司的方法也并不复杂，只要小学水平就够了，财务分析也不必太多。

巴菲特有一句话，你要想输多少钱你就听内幕消息吧。就算第一手的内幕消息也可能出问题。我们还是更喜欢靠自己的判断去投资。投资有"道"跟"术"之间的区别。投资的目标应该不断向"道"的层面上靠，那就是要取之有"道"。有人坐庄，跟不跟？基金要建仓了，买不买？有重大重组题材，炒不炒？所有这些都是"术"的层面，是个短期涨跌过程。但是我讲的要预测5到10年的事是考验自己的眼光和判断，这才是"道"。一直在"术"的层面转悠很难有长足的进步。

如果一时找不到合适的投资品种怎么办，只有放着现金吗？这个问题已经触及到了价值投资的精髓问题。合适的价位总会在未来的某个时间出现。一是你相信不相信这句话，二是你有没有这个耐心。拿我们来说，2001年从B股市场出来以后，主要关注香港股票市场，我们几个为自己喝彩的、两三年回报几倍投资案例就完成在这期间。对A股市场就是在等机会。如果没有理解价值投资，这个等待就会很痛苦，要理解了才会有耐心，比匆匆忙忙操作套在里面好很多。机会永远存在，你要有这个耐心，把资金放在那里，等着大机会出现。就光这一点，大部分人是做不到这一点。

我是学力学的，力学里只有几个公理，许多定理都是由公理演绎过来的。投资也类似，你掌握了愈基本、愈简单的公理，你对世界的理解就越准确。巴菲特的两句话，就是他的"公理"：第一是不输钱；第二，记住第一条。"不输钱"就是保障投资成功的"公理"。不输钱是什么概念？是常胜将军。字面上看起来多么容易！可很多人觉得这太保守，会失去很多机会，不愿意等，但如果你从2001年等到2005年底，随便买个万科、招行，在别人都输钱的时候，你不但没有输钱，你还有一倍以上的回报。可如果当时你不等，就很可能深套在当年热门的概念股里面了。

当然，我们也漏掉了很多机会。市场上有太多机会 但并不是所有机会都能抓住，有的机会根本就无从把握。我们弄不懂就不投，只选择我们能看透的好公司来投资。

菲利普·A·费雪 (Philips·A·Fisher)

● 证券业者晓得每一家公司的价格，但对其价值却一无所知。

● 找到一家多年来营业额和盈余成长率远超过整体行业的公司。

● 成长型投资人偏爱几年后获得高额收入，而不求今天拥有最高报酬。

第二章　价值投资在中国行不通？　　73

对宏观经济我们确实也关心，但是感觉跟具体投资目标的关系不大。比如像宏观调控对万科的影响，我们也研究过，是不是要回避一下风险。但是感觉到这个企业的成长不会受到根本影响，因为人民币升值、国际资本流入的大方向都不会变。也就轻易不会决策卖掉万科。

再有就是支撑这一轮牛市的根本原因来自于人民币升值，而且现在越来越清楚了。原来我们感觉跟韩国、中国台湾、日本还会有一些差异，可现在是差距越来越小了。尤其是地产股、金融股。你看看香港上市国内优质的地产股的中国海外涨到多少钱了？这些地产股的波动基本上跟人民币汇率的曲线是吻合的。2006年几个超级航母推出之后，股指几乎是一路涨。从工行、平安以及中国人寿这类股票两地上市的受中外资青睐程度就可以推及未来，这类股票才是最"确定性"的股票，展望十年二十年的持续增长是没有任何问题的。

假如这个企业确实好，你又是在不贵的时候买的，那可能不需要太多的财务分析，想想这个公司值不值现在这个价钱，就行了。大多数企业看一下市值就知道不值那么多钱，以后也就不用太关注了，真正值得关注的好企业极少。我们相信自己化繁为简的能力，不用看很多报告的推荐文章，关键还是相信自己的判断。公开信息很多，大家的差别不在于你能不能获取信息，而在于对信息的判断。事实上，我们是充分利用公开信息进行投资的。

我们希望找到一个好的企业，几十年如一日，甚至是"永恒生命"的企业。当然最好是一个各方面都优秀的人在管理，但理论上管好公司并不一定非要能力特强的人。从美国来说，公司成长性很大程度上靠系统而不是个人，巴菲特愿意投资这样的公司。中国的情况相对复杂，我们的投资确实考虑了一点中国特色。在我们眼里，万科和招行都是到了可以长期持有的时候了。这两个公司已经到了什么人去做总经理都没有关系的地步。还有就是招商局、华润、中信，不管谁做老总，都不会影响这个公司的发展。这样就不必太介意人的因素了，它们已经是一个比较好的系统。不好的系统是什么呢？就是家族式的管理、集权式管理，对于这类公司，你必须盯着这个老板，这个人变动了很可能这个公司就不行了。但是招行、万科都已经度过了这个阶段，我们很看重一个依靠制度来管理的成熟团队。

只投在行业中处于第一位的优秀企业，这就我们的投资管理思路，因为真正值得关注的好企业极少。在这种原则下，我们同威公司管理的资金从2005年开始就投资了万科（000002）、招商银行（600036）等股票。现在的盈利已经非常可观。

如果要做出终身持有的投资决策，就必须发现卓越企业，或者叫几十年持续成长的企业。大家都说要找涨10倍的股票，我说首先你要找到未来10年赚钱能增长10倍的公司。今年赚1千万，明年增长20%就是1200万，连续10年呢？就是6200万了，买进卖出时股价都按10倍的PE算，股价要涨多少？6.2倍。如果到时候PE变20倍了，那就涨12.4倍。现在大家都讲确定性，这就是最确定的。通过公开信息，在不造假的假设下，基本上就能把一个好公司的未来预测得较准确，不用去读金融研究生，投资没那么复杂。

比如招行现在一年赚四五十个亿，年均增长个百分之二十几，按上面的算法，10年之后就能赚个三四百亿，假设招行不再增发，按30倍PE估值10年后股价自然能涨到100元。这个是不难预测的。招行的信用卡越发越多，开的网点越来越多，市场份额会越来越大，管理水平越来越高，这都是看得见的。

我们现在的思路，是只投在行业中处于第一位的优秀企业，比如我们认为金蝶比用友优秀，赤湾比盐田港优秀。第一是指综合竞争力，不一定是市场占有率第一。另外，就是在市场上找到明显便宜的东西，因为我们的眼光能看到它未来2到3年，甚至更长时间后的结果，这就是我们的投资风格。

"只投行业内的第一"是我们最重要的选股标准之一，这就是我们决定投资年开始就投资了万科（000002）、招商银行（600036）的最初出发点。因为我们知道这些股票放在手里，过3到5年甚至10年是会赚大钱的。就算宏观调控，即使房价掉一点，通过销售数量的增加，增长还可以维持，甚至往上。另外全球资本对人民币升值的投机可能导致它的估值提升。

讲到银行股，应该就是投资招行，它不是国内最大的银行，但成长性是最好的，管理水平在中国银行业中也是最优秀的。这些在公开的研究报告里都写了的，我们只是比市场大多数人先行一步相信这些报告而已。当大家还在玩"寻宝游戏"的时候，我们就以实际行动做"确定性"的投资了，在香港市场的投资经历对我们在国内的投资帮助很大，让我们的视野更宽广，看得更长远一点。

在长时间的投资过程中，我们同样经历了市场波动。市场的波动其实根源于人性，对人性的理解和利用是另一种赚钱的方法。就拿股市在荷兰诞生之后的这400年来说，人的贪婪和恐惧没有任何变化，都是看见跌就害怕、看见涨就蠢蠢欲动，过几年就一个轮回。这400年来的市场波动其实很简单，就是画两条PE区间线，低的时候是十倍甚至几倍的PE，高的时候30倍到60倍的PE，400年如一日，永远在这两条线之间波动。你掌握了这个规律，再加上足够的耐心，就可以赚大钱。你只要在高PE区间卖掉，然后就一个字"等"，当然这个等的时间是很长的，要耐得住寂寞。

　　总的来说，就是以投资的心态买入好公司股票。只想买的时候10倍PE，卖的时候也是10倍PE，但是如果到卖出那年公司业绩翻番了，那时候10倍PE卖我就赚一倍了。但是市场疯狂起来，也可能卖到30倍PE，结果就赚了五倍。我们很多投资都是这样，当初买的时候只要求不输，有分红就行，并没想着要赚多少，结果以这种心态买的股票往往都赚很多。因为卖的时候市场的平均PE变高了，热闹的牛市额外给了我们"加餐"。

菲利普·A·费雪（Philips·A·Fisher）

● 证券业者晓得每一家公司的价格，但对其价值却一无所知。
● 找到一家多年来营业额和盈余成长率远超过整体行业的公司。
● 成长型投资人偏爱几年后获得高额收入，而不求今天拥有最高报酬。

## 但斌：专注长期股权投资

　　（注：东方港湾投资管理公司是将价值投资思想与中国资本市场相结合的最坚定的实践者之一，公司专注于中国优秀企业的长期股权投资。公司成立于2004年，主要股东是钟兆民和但斌，但斌在东方港湾任职董事总经理。早年但斌曾在国泰君安和大鹏资产管理公司等投资机构中任职，从1992年开始从事证券、期货研究和

投资的但斌，从研究到投资，最终成为私募基金经理。）

　　到过东方港湾公司的人，很容易注意到公司对面墙上"专注长期股权投资"这八个字，但斌的话题实际上就围绕着这八个字展开。在办公室里为数不多的几件陈列品中，有一瓶新装瓶口的15年茅台酒，但斌不仅对茅台（600519）的股票情有独钟，讲起酿酒的工艺也是娓娓道来。采访结束前，但斌将一份查理芒格关于价值投资的讲话稿拿给本刊记者，讲话稿上芒格的第一句话是："欢迎来到Wesco年度股东会，这是一小撮顽固分子（的会议）。"

　　巴菲特的伟大，不在于他70多岁的时候赚了多少钱，而是在他很年轻的时候想明白了这个道理，然后用几十年的时间去坚持，无论碰到什么样的事件，他都在坚持。去年年末的时候，巴菲特说如果打核大战，他相信伯克夏仍然是全世界最好的企业。

　　我们公司的口号是"专注长期股权投资"，就是想在中国实践巴菲特的理论，在这方面，我们也是做得比较彻底的，完全复制巴菲特的方法。当然，从全球来看，成功模仿巴菲特的人很少，因为人性是最难战胜的。巴菲特投资7只股票赚了270亿美元，一个人照着巴菲特去做是可以的，但是战胜心理的煎熬这很难做到。何况现在还是基本平稳的时代，巴菲特那个时代却历经了波澜壮阔，很不稳定。

　　应该说价值投资是放之四海皆准的。中国证券市场刚开始的时候没人做价值投资，但是如果在很早以前你就前瞻性地把中国所有好股票都买了，那么现在都是不得了的回报。10年前买了万科，10

年涨10倍。这个价值投资的道理我们也是慢慢开始领悟的，领悟主要是从2001年起，正好是熊市开始的时候。我们从买烟台万华开始到现在，企业增长了10倍，你投1000万元现在是1.1亿元。

价值投资理论复杂吗？回答是："很简单。"巴菲特提到价值投资观念的核心是"以40美分的价格买进一美元的纸钞"，而成长是优秀公司价值的一个必要组成，也即是说，这个一美元的纸钞随着时间仍在继续增值。这个方法本身不是很难，很容易讲明白，但是坚持不容易，只要你能身体力行就会很富有。这里面我认为存在三个无法避过的阶段：一是理解和接受价值投资的观念；二是要本着严谨的态度，以逻辑合理的方法去评估企业的价值；三是在动荡的环境中坚持。规则很简单，书店有的是写巴菲特的书，是个高中生就能看明白，但是坚持太难了。理论是格雷厄姆和费雪的，巴菲特用他的一生来实践。格雷厄姆的学生都很富有，只不过巴菲特最富。相信与奉行这个价值分析流派的人，他们累积财富的几率要高很多，这是缔造财富的一个流派。另外价值投资跟人生阅历、价值观和看事情的角度有关系。

价值投资流派之所以积累财富几率高，主要是因为他们持有投资标的不动。举一个例子说，一般理解最好的投资是A点买进，然后B点卖掉，C点再买进，但是按我们理解，真正的赢家不是做波段的人是在这几个点都在买的人，前提是你投资的是一个伟大的企业。对一般的投资者来说，只有一笔钱，当然A点买进，B点卖出，然后再等低位买进。但是我们做的是一个事业，就像巴菲特，他的资金是源源不断的，他每时每刻都要做投资决定，他思考的力度和

菲利普·A·费雪 (Philips A Fisher)

● 证券业者晓得每一家公司的价格，但对其价值却一无所知。

● 找到一家多年来营业额和盈余成长率远超过整体行业的公司。

● 成长型投资人偏爱几年后获得高额收入，而不求今天拥有最高报酬。

角度不是一般人所能理解的，而且不受外界干扰。比如说你投资一家价格不是极度高估的优秀企业，那么你每个月都去买，不管高还是低，10年以后数目就大了。

比如沃尔玛，股价上涨到上世纪90年代，大概40多倍PE的时候变得相对平稳。大概过了五六年PE又变成十几倍了，又开始涨。星巴克现在是50倍PE，将来一定还会降下来。过去50年美国涨幅最大的企业是菲利浦莫利斯，每年回报19.8%，一美元50年以后翻成8300多美元，就是8300多倍。这就是长期的概念，体现了长期持有优秀公司的巨大成功。再比如汇丰，有人赚10块，有人赚100，真正赚得多的是拿着不动的人，这个不动看似简单，实际上做起来非常难。

我们做长期投资，对企业的长期竞争力就非常关注，也就是关注企业的生命周期。一个企业如果不能长期存在，实际上风险是非常大的。所以我们看企业的时候，对企业长期生命力要做定性判断，它所处的行业是否能产生大企业，而且又能持续经营下去等。巴菲特对企业的洞察力不是看报表或走访公司看出来的，真正的好企业是公开的，没有秘密。我觉得投资当中最关键不是定量的方法，而是定性的东西，即你怎么样看到这个企业长期的竞争力。既然特定企业的竞争力和它所属产业的持续能力是投资最关注的地方，那么怎么来做判断，当然也有一系列的具体步骤要考虑。

作为重大的、长期的投资，必须很严格。投资时间越长，选股标准就越高，找到的好企业越少。这是巴菲特为什么选择那么少投资目标的原因。我们的定位就是长期投资，希望得到15%的年回报率就很不错。实际上，连续达到15%增长的企业是非常少的。但好公司都是属于公众的，可口可乐每个人都喝，《华盛顿邮报》每个人在读，麦当劳每个人都在吃，这些都是看得见的。在中国，万科A就是这样一个可以长期投资的股票。现在万科500亿市值，中国房地产行业长期的趋势是越来越集中。香港从1977年到1997年，房地产企业从最初的几百家上千家，最后剩下十几家大企业，香港大的房地产企业一般是两三千亿市值。如果说10到15年后万科还是中国最大的房产公司之一，5000亿市值很正常。而且房地产还有一个特点，资金密集型，谁能在资本市场上融资，谁就发展得快，万科在这方面做得很好。

从全球来看，金融业是一个能缔造伟大企业的行业。这不仅因为金融业规模比其他行业的公司大，更重要的是靠企业文化和经营的效率将一个小银行不断做成大银行。金融企业有一个特点，只要不出事，一百年以后一定是大企业，因为银行经营也是累积财富的过程。具体到招商银行，总的来说拥有很好的经营记录，还在稳稳地走下去，金融企业一直能做到这一点会是很了不起的事情。我们对中国的GDP增长情况做一个大概判断，2020年到2030年中国GDP将达到美国的2/3，招商银行假如还是以目前的速度扩张，你可以算算招行有多大市值。

我们投资茅台有3年了。茅台到2015年能销两万吨，茅台镇所有能够用来造酒的地方大概可以生产10万吨，这才刚刚开始。由于中国的城市化还在加深，收入水平越来越高以后，相应的消费人群会增加很多。中国的白酒其实有它的核心竞争力，问题是怎么让世

菲利普·A·费雷（Philips A Fisher）

● 证券业者晓得每一家公司的价格，但对其价值却一无所知。

● 找到一家多年来营业额和盈余成长率远超过整体行业的公司。

● 成长型投资人偏爱几年后获得高额收入，而不求今天拥有最高报酬。

界来认识中国最好的酒。在世界六大蒸馏酒当中，中国的白酒是唯一用纯粮食酿造的。因为是这种工艺，如果瓶口密封解决好以后，茅台这种酒理论上可以放1000年，越放越值钱，就像欧洲的红酒。现在中国白酒的出口量越来越大，茅台酒现在还只是中国的品牌，但为什么不能成为世界品牌？也许有一天法国人喝五粮液，英国人喝茅台，都有可能。

但在中国，像万科、招商以及茅台这样真正的好企业少之又少，于是就更显示出中国股票市场投资标的的稀缺性。好股就那么一些，市场资金越集中在金字塔顶部，收益就越高。优秀的公司很少，为我们投资人清楚寻觅一个这样的好公司带来了很大的难度，特别是当所有股票都处在高估的情况下，要找到这样的稀缺性投资标的，就难上加难。但一旦了解清楚后，就要敢于果断重仓。

## 平民的胜利

### 张锦：6 年持有贵州茅台

与我们身边许许多多的股票投资者并没有不同，2001年重庆某高校的教授张锦刚刚搬迁了新居之后，手上有一点闲钱，存在银行里面利率还抵不上每年物价上涨的速度。会计出身的张锦准备利用手上的几万块钱做一些投资，也算是在这个全民谈理财的年代为自己的财产做一些打算。2001年，正是中国股市由当时的最高峰快速跌入低潮的时候，许多人已经把它当作是一个赌场来看待，却又面临资金被深度套牢，无法自拔的窘境。张锦选择在这个时候入市，着实让周围的人都吓了一跳，甚至连他的妻子都有一些反对。难道中国就没有优秀的企业了吗？面对人们的质疑，张锦问了这样一个简单的问题："茅台上市了没有？"在此之前，张锦已经关注和研究了这个企业有一段时间，这的确是一个非常优秀的企业。

机遇降临了，在张锦问完这个问题之后不久，贵州茅台成功上市。"记得刚上市时候，茅台的股价是30元左右，我用光了手上的所有余钱，一下子就买了1000股。"张锦回忆说。

然而大盘整体低迷，刚上市不久，茅台的股价就开始下跌，从27、28块一直跌到21、22块。这时候，张锦的妻子有些沉不住气了，开始劝说丈夫把手上的股票赶紧卖掉，算是花钱买了个教训，以免将来更大的下跌。张锦却安慰妻子："股票价格有可能涨，也有可能跌，但我们手上持有的股份却是不变的，公司的红利也还在，没有必要太在意一时的涨跌。"

相反，当茅台跌到20块左右的时候，张锦还大力鼓动周围的亲戚朋友们都快去买这只股票，他相信它将来一定会大涨。但当时的大多数股票价格都跌到了只有几块钱，20块对于这些人来说实在是太高了，在悲观的情绪影响下，又有谁会相信他的话呢？"当时机会太好了，就是没有一个人听我的。我手上也实在拿不出更多的钱来，可惜啊。"张锦至今还为他的朋友们错过这次机会深感惋惜。

尽管大盘一直不好，但茅台的股价持续走高，张锦也一直坚定地持有这只股票。2006年下半年，茅台从以前的每股30元，涨到了100元以上。而张锦原先的1000股也通过分红送股的方式，变成了

菲利普·A·费雪（Phillips·A·Fisher）

●证券业者晓得每一家公司的价格，但对其价值却一无所知。
●我找到一家多年来营业额和盈余成长率远超过整体行业的公司。
●成长型投资人偏爱几年后获得高额收入，而不求今天拥有最高报酬。

5000股。短短5年间，他的投资从原来的3万元变成了50万！

2007年，中国股市的大牛市到来了。尤其是最近几个月，许多股票的价格都实现了翻番，有"分析高手"告诉张锦，现在茅台的价格太高了，建议他卖掉之后换其他股票，一样可以赚钱。为此，张锦还专程从重庆赶到贵州茅台酒厂去实地考察了一番，甚至还了解到了工人最近是否加班，外面来采购的车子是否要排队等等。最后，张锦得出了这样一个结论："原子弹好造，茅台不好造，全世界就这个地方能产出这样的高档白酒。以茅台酒厂现在的生产能力，远远满足不了市场需求，目前，这只股票至少还有40%的涨价空间。而从长期来看，其为投资者再次带来10倍以上的收益，也完全有可能！"

贵州茅台这个企业的现状和发展势头，让他对这只股票的未来充满了信心。"起码在未来几年中，我根本不会打算卖掉它。"张锦说。

## 林园：只买性价比最优的东西

2006年春节前夕，林园怀揣着一个传奇和两大谜团。所谓传奇，是指他从1989年入市，光靠自己的头脑，16年来把股票从8000元炒到了4个亿。所谓谜团，一个是他为何主动找到媒体要把自己的财富和致富秘诀公之于众。另一个则是，他最近逢人就借钱，而且狮子口大开，有多少借多少。这个个头不高、自信心"爆棚"的陕西汉子，当着圈内众高手大胆预言："未来三年，中国股市将迎来前所未有的大牛市！财富会向资本市场快速聚集！更多的富翁将从这里诞生！"

2003年底，当林园再次杀回A股市场，上证指数跌到了1300点左右。熊市漫漫，谁也看不到尽头，林园竟三下五除二将全部资金换成了股票，其中包括：G千金、贵州茅台、G万科、云南白药、铜都、铸管、招商银行、马应龙、东阿阿胶和丽江旅游。截至2006年2月6日，市值累计达到8417.6万。而他在另一家公司的股票组合，截至2006年1月24日，总市值为3957.2万元。据林园说，他当时入市资金有1.7个亿，两年来增值140%，到2005年底市值已达到4个多亿！

无论牛市、熊市，甚至是初创时的乱市都可以赚钱，这的确令人吃惊。林园是个彻头彻尾的实用主义者和商人，用一句话概括他消费和投资的原则：只买性价比最优的东西！换句话说，以最低的价格买到最好的东西。林园最近两年来的投资组合最突出的特点就是，当初买入时这些公司的市盈率（PE）都非常低，例如铜都铜业、新兴铸管、赤天化、中原高速等。"它们股改后的PE都只有五六倍。我可以大胆地说，上证指数哪怕跌破500点，这批股票还能赚1倍。原因很简单，太便宜了。"

当然，林园绝不是个只买便宜货的"财迷鬼"，只要公司足够优秀，再贵的股票他也敢买，譬如贵州茅台。这是尽人皆知的"贵族股"，是两市最贵的股票。

"2003年我23块钱买它的时候，PE是17倍。我算过它未来3年的账，每年都有15%的复合增长，按当时的价格算，到2006年PE就

降到10倍了，这还不算提价的因素，根本不算高。"

茅台涨到三十七、八块的时候，林园还在一路买进。

十几年来，不算那些牛市中做着玩的短线品种，林园买来买去的重仓股就是那么三五个行业，十几只股票。"我有个原则，我买的企业一定是我能算得清账的，而且要能算到今后三年。"

"拿茅台来说，它一年的产量就那么多，产多少销多少，又不会降价，所以每年能赚多少钱很好算。"因此，从1994年第一只酒类股古井贡上市开始，林园就关注这个行业，后来陆续买过泸州老窖、贵州茅台和五粮液。

医药股也是林园最青睐的，因为他是学医出身。同仁堂、云南白药、东阿阿胶、马应龙等等，都被林园看好并持有，有的还被列为未来随时增持的品种。另一类是公路股。道理不言自明，一条路上跑多少车，收多少钱，可以算得明明白白。以前，林园在宁沪高速上赚过大钱，现在又把目标瞄准了中原高速。

林园买的企业有很多共性，零库存、现金流好、利润额大。"那些每年只赚几百万、几千万的公司你就不要买了，它们大多属于竞争行业，拼到最后就是打价格战，赚钱太累了。股东又能分享到什么呢？要买就买能赚几个亿、十几个亿的公司，这些公司多硬朗！"

2004年前后，由共同基金演绎出的核心概念：民族品牌+自主定价能力，是当时最流行的考察企业核心竞争力的两大标准，林园恰恰与之不谋而合。

林园用得最多的是公司调研。据他称，只要是重仓的公司，他差不多每个月都要去调研，有时候是总部，有时候是它的竞争对手，或是经销商和市场。2006年春节前，林园为了看赤天化，三九天还跑到了贵州的深山老林里。"上去7个小时的盘山公路，下来又7个小时。把我转得都吐了。他们公司董秘说，我是头一个去公司看的投资者。"

2月6日，林园去招商银行调研。听到他问招行哪几家分行对利润贡献最大，他要过去考察的时候，招行董秘和股证事务代表好奇地睁大了眼睛，因为这样的他们很少见过。而前几年，林园为投资宁沪高速，竟把沿途的所有大城市都考察一遍，以便评估未来车流增长的潜力。"很多人为了买件衣服逛半天，买股票却道听途说，能不赔钱吗？"林园信奉眼见为实。

林园做过生意，他看公司颇有独到之处。别人看高速公路，觉得车多的好，他不以为然。"现在车就跑满了，将来成长性怎么保障？"别人担心白酒价格战，影响销售。"好的白酒怕什么，现在都是年份酒，就算有库存，越存越值钱！"公司调研成了林园一次次的"淘金之旅"。"我为什么那么坚定地买茅台？当年调研时我发现，光它窖藏的年份酒，总价值就超过了当时股票的总市值，这说明当时茅台被严重低估了。"据说，林园至今持有茅台总共数百万股，让他赚了上亿的钱。

## 刘元生：坚守万科 18 年

历史资料显示，1992年刘元生持有万科股票370.76万股，以后

菲利普·A·费雪（Philips·A·Fisher）
● 证券业者晓得每一家公司的价格，但对其价值却一无所知。
● 找到一家多年来营业额和盈余成长率远超过整体行业的公司。
● 成长型投资人偏爱几年后获得高额收入，而不求今天拥有最高报酬。

随着万科送股配股，加上刘元生通过二级市场增持，他拥有的万科股票逐年增加。1993年是503.29万股，1995年为767万股，2004年为3767.94万股，2006年为5827.63万股。不过，他持股所占万科总股本的比例也从原先的2.7%降到1.47%。即使这样，现在他持有的股票数量，不仅远远超过万科董事长王石的41.8677万股，总经理郁亮的11.6742万股，而且超过了深圳市投资管理公司、万科企业工会委员会、中国平安保险各自的持有量，依然是名符其实的大股东。

18年了，"刘元生"这个名字每年都出现在万科公司年报上，像一根不倒的桅杆，伴随万科这艘航船闯过了难以计数的波峰浪谷。18年的等待终于有了巨额回报。2006年12月5日是万科的有限售条件股份可上市交易日。以11月28日收盘价10.85元计算，刘元生持有的这些股票流通市值为6.32亿元。刘元生认购原始股加上二级市场买入股票的费用，共约400万元。经过18年的坚守，他获得了160倍的回报率。400万元变为6.32亿元，股票增幅超过股神巴菲特。巴菲特最骄人的业绩是持有《华盛顿邮报》股票30年，股票价值增长也不过128倍。刘元生创造了一个最大的股市神话。我们曾经听说过有人捂住深发展发了大财，有人购入陆家嘴得到暴富，但还没有听说哪个人持有一家上市公司几千万股票这么多年头。万科董事会秘书肖莉在接受采访时说，最初万科股票发行不畅，刘元生当年得到了深圳证券交易所的特许，用外资身份开设的A股账户购买了万科原始股，投资360万元。他坚持持有万科股票，可以说是他对王石董事长和万科这个团队投出的信任票。

刘先生现住在加拿大，跟王石还有密切联系，万科经营管理的很多重大决策都要征求他的意见。在万科上市后的18年中，很多投资者包括机构投资者经不起股价颠簸撤离了。某家大公司在90年代初万科股票跌破发行价时，把手里的几百万股票硬生生卖回给了万科，还以为扔掉了烫手的山芋。回头来看，对优质的公司长线投资才是金。

## 我理解的价值投资

老师，经常看您的博客，感觉到价值投资是对的。我是2007年4月份进入股市的，刚进股市就遇到2次大的调整，投的资金也严重缩水，让我产生了退出股市的想法。目前还有招商银行3000股，国电电力5000股成本价14.9，复星医药4000股成本价12.5，资金都是被套，老师，帮我分析下，后市是坚持价值投资还是捡仓呢？

——网友

我买的第一本证券书，就是您的《长捂不放》，也许这说明了我朦胧中对证券的理解。那是2007年5月的事。之前，买了基金，基金也是无意中买的，过了半年一看，收益不错啊！5月30日中国股市长黑，我的资金一下子缩水了不少，那时候我也无所谓，反正还不懂操作，让它坐电梯去吧。可是资金越缩越少，觉得不能不管了，于是割肉出来了。

我真的希望不放，于是又买了600018和其他几只，看基本面都不错。可6月以后又缩水了……看着大盘上的红线、绿线因为谁

谁的一句话，发疯一样降落、升起，我觉得这里哪是严肃的事业，简直像游乐园里不守信用的游戏。原来以为要认真地投资给经营好的公司，然后得到回报，现在感到困惑了，在中国股市里还找得到信任吗？找不到信任，怎么可以长捂不放？

——网友

由于隐私的关系，恕我把网友的名字隐去，摘录他们的留言只是为了我下面分析的方便，可以有案例作为参照。

以上的网友留言暴露了许多所谓"价值投资"的小股民中共性的问题。我必须毫不客气地向他们指出，关键的问题是：他们充其量只是假冒伪劣的价值投资者，而不是真正建立在价值投资法则基础上的投资者。在对第二位留言者的回复中，我是这样回复的：

"你想实现价值投资，但你当下最大的问题是投资的非严肃性，投资是因为好玩和买入股票的随意性。你在股指很高的时候买入你的股票，又在股指大跌的时候卖出，仅这两点就犯了价值投资法则最犯忌的两个：（1）逢低买入；（2）长抱不放。当然我也怀疑你买入股票的价值可靠性。"

而对第一位留言者，我的答复是这样的：

"我以为你不必为被套而烦恼，股市什么问题都没有，长牛市的基础仍在。问题出在你是假价值投资者，恕我直言。根据真正的价值投资法则：（1）你4月进入股市，肯定买高了！可我不明白，你的招商银行怎么会被套呢？它最近上得很快呀！（2）即便被套，也是暂时的。仅2个月就想赚钱，这是价值投资吗？我也是投资者，我投入资金是在中国股市最低迷的时候，几年来都几乎没有一笔交易，期间分红、送股、配股，复权的股价高得惊人。（3）你如果在最低迷的时候将股票割肉出来，就等于形成了一劳永逸的亏损。（4）你的所有股票都很棒，都可能成为未来的大牛股，尤其不要小看复星股份（600196），它好像还没有过像样的行情。问题是，你无法拿住它们，只好将廉价筹码拱手送给市场主力。我给你的忠告是：坚持长捂，直到牛市走完为止。"

很多人都像上面两个投资者一样自称自己是"价值投资人"，但他们又无法遵循价值投资法则，更可笑的是，他们甚至从来没有看过一本关于价值投资的书籍，不了解什么是真正的价值投资法则。

巴菲特被公认为投资界中最成功的专家，其成功的奥秘有两点：一是"长期持有"；二是"忽略市场"。

长期持有。巴菲特是长线投资的典范！巴菲特选择投资目标时，从来不会把自己当做市场分析师，而是把自己视为企业经营者。巴菲特选择股票前，会预先做许多充分的功课，了解这家股票公司的产品/财务状况/未来的成长性，乃至于潜在的竞争对手。巴菲特非常反对短线交易，认为那只是浪费时间及金钱的行为而已，而且会影响到操作绩效，影响你的身体。巴菲特曾说："我从不打算在买入股票的次日就赚钱，我买入股票时，总是会先假设明天交易所就会关门，5年之后才又重新打开，恢复交易。"他还告诫投资人，任何一档股票，如果你没有把握能够持有10年的话，那就连10分钟都不必考虑持有。（注："巴菲特如何靠股市暴富

菲利普·A·费雪（Philips·A·Fisher）

● 证券业者晓得每一家公司的价格，但对其价值却一无所知。

● 找到一家多年来营业额和盈余成长率远超过整体行业的公司。

● 成长型投资人偏爱几年后获得高额收入，而不求今天拥有最高报酬。

（一）"，新民晚报，2006年12月16日。）

巴菲特曾在1972年以1060万美元买入华盛顿邮报股票，到1999年时已经增值到9.3亿美元，在27年内华盛顿邮报股票成长了86倍，尽管在这27年中美国股市大盘几经沉浮，华盛顿邮报股票也曾大幅振荡，"跳水"和"飙升"无数次地出现，最后的事实证明"长线和耐心"为巴菲特带来了可观的收获。

忽略市场。我们通常被市场忽悠，而巴菲特则是经常忽略市场！巴菲特成功关键的第二点是："忽略市场"，所谓"忽略市场"就是不要把短期的市场波动看得太重，投资者的情绪不要被市场左右，不要对市场行为过于敏感，或者形象地说：不要没有主见地时刻随着"市场先生"翩翩起舞。既然是采用长期持有的投资模式，巴菲特主张就应当忽视市场的一切，包括价格波动及所有市场讯息，当然也不要理会经济学家、分析师，以及股市经纪人的建议，因为证券经纪人和证券交易商的任务就是以一些所谓的观点和理由引诱投资人买卖股票，从而赚取投资者的手续费及佣金。散户朋友们在股市无数次的短线进出中，大量的财富最终流入到证券经纪人和证券交易商的口袋中去了。

凡修读过经济学的人都知道有个凯恩斯经济理论。该理论认为，世界经济只会越来越繁荣，因此股票指数也会随着经济发展而逐步趋升。既然股票的价格总体趋势是向上的，那么，我们投资者就没有必要总是在寻觅中苛求找到战胜市场的秘方，不要总在唉声叹气中感叹财运不济。只要买进时选择理由没有改变，忽视股票短期涨跌，坚持捂股，时间可以使投资者赚大钱。因为投资者个人没有能力去拉升股票，他们唯一拥有的赚钱资本就是耐心和时间。

　　让我们一起来看看万科从1995年1月20日上市以来至今的走势。如果你不"忽略市场"，即不理会市场，你就不可能从万科身上赚到钱：万科（000002）1991年1月20日上市当日收盘收在15.63元，从第二天开始阴跌，最低跌到4.3元，然后又涨到16元，再涨到26.8元，29.5元，最高到36.7元，接着又是开始下跌，12 65元，8元，最低跌到3.85元/股，经过几年时间又涨到16.20元，24.23元……这就是中国股票之王万科。到2007年11月复权价最高为1859.31元，最高价与最低价之间有480多倍。虽然万科在调整市里跌得好像跟其它股票没有太大区别，但如果你在当时投资1万元买入万科000002，持有到现在应该是480万；如果你当时投入10万持有到现在就是4800万……巴菲特先生相当成功的投资战例是持有华盛顿邮报27年涨了86倍，平均每年是3.1倍，而如果你在中国持有万科18年可以达到400多倍，每年有20多倍的收益，苏宁电器3年30多倍，持有五粮液、茅台、云南白药、天威保变、民生银行、招商银行、潞安环能保利地产等等都有相当不错的业绩。平均一年涨一倍的股票更是不计其数！

　　那些拿出N个理论说长线价值投资在中国行不通的人，其实根本就不了解中国证券市场股票的运行规律。我甚至怀疑他们从来就没有买过股票，却在那里对股票评头论足，任意推断。

　　当投资者持有的股票在调整市里也加入大跌的行列，投资者能做什么？不是埋怨，也不是抱怨国家政策。震荡和调整本身就是投资市场的一种必然反映：涨多了会跌，跌多了会涨。重要的是，如

菲利普·A·费雪（Phillips·A·Fisher）

● 证券业者晓得每一家公司的价格，但对其价值却一无所知。

● 找到一家多年来营业额和盈余成长率远超过整体行业的公司。

● 成长型投资人偏爱几年后获得高额收入，而不求今天拥有最高报酬。

果投资人能早一天或早一年接受价值投资这一理念，假如投资者从50元坚定持有茅台/山东黄金，在6元坚定持有万科，在5元坚定持有鞍钢股份，在4元坚定持有民生银行，那么当我们通过自己的耐心远离股票成本区后，再大的市场调整与我们又有何干系呢？就是股市崩盘了，你所持有的股票价格还高高地在成本以上。

在当今中国股市里，不是价值投资人多了，而是太少了。有很多投资者，他们是我称之为的"偶然性戴着价值投资面具的投机者"。因为一个偶尔机会，他们碰上了一个好股票，赚了钱，甚至股价翻番，他们便说自己是一个价值投资者，将会将价值投资革命进行到底，持有股票N年直到大获全胜。但一旦遭逢股市大跌，跌5%时，他们还那样神情气定，谈笑风生，誓言坚定持股不变心；跌8%，他们仍然泰山崩于前而色不变；跌15%，他们开始色厉内荏，变脸了，坐立不安了，夜不能寐了；等真的有一天，他们手中持有的股票价跌到了成本临界，甚至跌进肉里价，由赚钱变成赔钱，由小赔变成大赔，他们终于脸色铁青，脾气焦躁，甚至变得暴躁起来，跟着就要骂娘，骂价值投资，于是，他们将自己亏损原因像扣屎盆子一样扣在了价值投资法则上。其实，价值投资不是指一天，一个月，也不是指一年，而是一个相当漫长的过程，用巴菲特先生的话说：任何一个股票，如果你没有把握能够持有10年的话，那就连10分钟都不必考虑持有！失败者总会找理由，找借口为自己开脱，而成功者却只会埋头苦干！

世上没有只涨不跌也没有只跌不涨的股票，彩虹总在风雨之后。但这个再简单不过的道理，很多投资者，特别是新生代投资者并不明白。只有明白了这个道理的投资者，才会即便遇到暴跌照样酣然入睡，照样游玩放轻松。这是投资的一种心态，一种境界！但市场上很多很多投资者缺少这种心态和境界，他们上涨时穷追不舍，敢从10元追涨到30元，遇调整时又敢在每股亏损10元时割肉出局，然后在股价涨回30元时又开始新一轮追涨杀跌。他们在整个投资股票过程中学会了高超的追涨技巧，也练就了一身杀跌本能：总是买在相对高点，卖在相对低点。从证监会提供的开户数统计我们不难发现整个散户群体的买卖技巧，他们在5.30前期开户数达到历史最高峰，在4300点跌入谷底时却没有人敢开户了。同样，6000点上方是开户数猛增的点位，当大盘跌了1000点时却鲜有人进货买股票了。

投资，就是考验人性，修炼心态的过程。人性中最重要不是能战胜对手，而是如何战胜自己。如果连自己都无法战胜，要战胜对手，要打败大盘，谈何容易！当我们遇到逆境，例如持有股票遭遇大幅度调整，就碰到了一个是否能够战胜自己的问题。清醒与冷静，正是价值投资过程中必备的心境。保持平和心态，勿骄勿躁是多么重要。当你有一种欲望要躁动时，其实可以找出很多事情来化解。万科董事长王石在回答登山与企业管理的关系时说："将登山的体会和你事业上的体会结合起来，很容易得出一个结论，做事情都有个过程，遭遇困难就是必经的阶段，只要坚持走下去，就会最终获得巨大的成功。在公司经营当中遭遇困难时我告诉你，必须坚持下去，不要有浮躁的心理，一定要一步一个脚印，一定要有耐心！"企业管理是这样，持有股票就像投资一个企业，在遭逢困难

菲利普·A·费雪（Philips A Fisher）

● 证券业者晓得每一家公司的价格，但对其价值却一无所知。

● 找到一家多年来营业额和盈余成长率远超过整体行业的公司。

● 成长型投资人偏爱几年后获得高额收入，而不求今天拥有最高报酬。

和低谷时仍然需要的是一种淡定，一种处变不惊的心态。

走过了"躁"，自然就换得心静自然凉的状态，而只有心淡如水，才能做到宁静致远，才能抓住时机，化难为易，变问题为机遇。唯有达到静的境界，才能升华自己的灵魂，当90%以上的投资者都在忙着短进短出的时候，你选择了长线的价值投资。你心境如超凡脱俗，不为任何内幕消息和一匹匹黑马所蛊惑，不为每一次短线涨跌所动，因为你认准的就是投资那些众所周知中国最伟大的企业，即所谓的白马股。而黑马未来并不明朗，最伟大的企业的前景才是最看得清摸得着的，长线价值投资才是获利的最好方式。

长线价值投资说起来简单，就六个字，而真正做起来却又有几个人可以坚持到最后？平心而论，在顺境中很容易坚持价值投资，但遭逢大的自然灾难或者大动荡时候，价值投资还能坚持下去吗？我们庆幸能在中国股市才起步时就能认识格雷厄姆、费雪尔、巴菲特、芒格、彼得林奇等投资大师，并站在这些伟人的肩膀上参与今天正在中国发生的价值投资的重要旅程。选择价值投资，实际上就是选择了一条人迹罕至的道路，在这条路上你只能一如既往，深入灵魂地坚守，可谓是险关道道，障碍重重。当投资碰到暴跌时，很多人想到的最简单的解脱办法就是卖出，但从事价值投资的人，却要像一只乌龟那样，速度极慢地往前爬呀爬，留下一个个步步为营的足迹。岁月让价值投资理念历练得更加坚定，从投机到投资再到财富管理，甚至让财富管理穿越自己的人生。

价值投资过程中的波段操作很诱人，很多人都在这轮长牛市中通过波段操作赚了钱。但是作为一个坚定的价值投资者，我还是选择了毅然放弃波段操作的策略，今后也不准备尝试波段操作的方式。这是因为：其一，波段操作是否就真能创造出神奇财富来，值得怀疑。理论上，要提高潜在投资报酬率，最大胆的方法就是靠波段。波段操作者在市场上进进出出，希望在市场上涨时把全部资金投资下去；价格下跌时，又把资金全部撤出。还有一种波段操作方式，是把股票投资组合，从预期表现不如大盘的股类中退出，投入表现可能优于大盘的股类。在美国股票市场，如果在1940年到1973年间用上述两种可以说是完美的投资成效为例，波段操作潜力十分诱人。第一种投资是在行情上涨时百分之百地投资股票，在市场下跌时保持百分之百的现金。在这34年里，一共交易22次，买进和卖出各11次，以道琼斯30种工业股指数作为代表，1000美元的投资最后可以增加到85937美元。在同样的34年里，这个假设的投资组合总是百分之百投资，而且总是投资在表现最好的各类股票中，同样的投资1000美元，买进和卖出各28次，最后暴增到43.57亿美元！在这段期间的最后两年，投资人必须胆大过人，必须在1971年元月把6.87亿美元投资到餐厅类股，这样到年底就会变成17亿美元，然后再投资黄金类股，到隔年圣诞节会暴增到44亿美元！

　　但这个例子在实际操作中却很荒唐，因为假设近乎完美，是一种非常规操作，从来没有人能够达成这种绩效，相信将来也不可能有人做到。更重要的是，无论过去还是将来，靠"波段操作"，不要说不可能创造上例这么神奇的绩效，就连想达成远低于这种绩效的都不可能，因为没有一位投资人能够做到永远比同行专业对手还精明的地步，你是网络行业高手，却可能对黄金一无所知；你是汽

菲利普·A·费雷 (Philips·A·Fisher)

● 证券业者晓得每一家公司的价格，但对其价值却一无所知。

● 找到一家多年来营业额和盈余成长率远超过整体行业的公司。

● 成长型投资人偏爱几年后获得高额收入，而不求今天拥有最高报酬。

车行业高手，却可能对石油行业知之甚少。以此类推。

在股票似乎高估时，精明的投资人将它们卖了，以减轻暴露在市场里的风险；等价格跌到诱人的低水准时，他们再大胆出手逢低介入。这样的低买高卖虽然吸引人，但是强而有力的证据也同样显示，想提高报酬，波段操作可能并不是最有效的方法，其中原因之一就是，就长期而言，这种方法通常行不通。我们可以从一些世界上最优秀杰出的投资激进经理的波段操作成绩上看到他们绝大多数的操作都是亏损的。一份精心研究波段操作的报告断定，在将操作失误再加上不断进出操作的各类成本计入后，投资基金经理对市场的预测中4次至少应该有3次正确，这样他的投资组合才刚好达到损益平衡。美国著名分析师罗伯特·杰福瑞给出过解释，操作亏损的主要原因是，在这么短的期间内发生如此多的波段买进卖出行为。美国一份研究报告在研究了100家大型退休共同基金及其波段操作的经验后发现，所有退休基金都从事过波段操作，但没有哪一家能靠着波段操作来最终提高他们的投资报酬率。事实是，100家中竟然有89家因为波段操作而亏损，而且在5年内平均亏损率高达4.5%。

波段操作也十分困难。对于这一点，一位经验丰富的专业人士感叹说："我看过很多有意思的波段操作，而且我在40年的投资生涯中自己也尝试过其中大部分的方法，这些方法在我之前可能很高明，但是没有一个方法能够帮得上我的忙，一个都没有！"别尝试波段操作的原因之一是很多投资基金经理的经验显示，他们大量持有现金或大量投资时，操作绩效被互相抵消了，增加现金部位的人数通常等于减少现金部位的人数。原因之二，波段操作有最好时段不在操作的风险。比如，在2006年1月中国股市里投资1元在上证综合50种股价指数上，到2007年6月会增加到19.45元。但是，请注意，如果在这一年半的时间里，在市场表现最好的月份里，如果把同样投资额从股市撤出，这样在一年半时间里，同样投资1元就只会增加到6.58元，大约只等于收益平平的国库债券。在长牛市的时候尚且如此，那么在市道不好的时候波段操作的绩效就可想而知。因此，在行情好和行情艰难的时候都在投资的长捂不放，才是唯一健全的投资正道，才能充分享受表现最优异的大好时段。

我的研究也表明，中国几乎90%以上的投资散户都用波段与短线进行股票买卖操作，结果赚钱的人不到10%。而且，这是在10年不遇的大牛市里的成绩，如果在熊市，试问你还敢参与投资证券吗？很多人从上证综指2000多点甚至1000多点就入市，当指数到达6124点时，居然还在亏钱。这是什么原因，这便是短线买卖与波段操作惹的祸！如果说，国际知名基金经理操作4次都无法获得3次成功的话，你一个平常的投资散户，行吗？而只有在获得75%的成功几率的情况下才能做到有所盈利，这样的事情你能做到吗？我坦承，自己没有这种本事，所以毅然放弃了这种荒唐的操作策略。试想一下，从16元一路走高上来到40多元的招商银行（600036），哪些是低买区，哪些又是高卖区，你能预测吗？很多人即便在16元的低价位时买入，但在股价上涨几块后就走掉了。那些尝试做波段的芸芸投资者中，又有多少人能够先见之明地知道招商银行这一涨就是近30元的幅度。卖掉该股的投资者又有多少人在股价不断向上攀升时敢于将它再度赎回的？他们在23元卖掉后，会否又在32元买回

菲利普·A·费雪（Philips·A·Fisher）

● 证券业者晓得每一家公司的价格，但对其价值却一无所知。

● 找到一家多年来营业额和盈余成长率远超过整体行业的公司。

● 成长型投资人偏爱几年后获得高额收入，而不求今天拥有最高报酬。

来呢？他们一定对自己说，这不是疯了吗？23元都不要了，还要32元，这不是太亏了！同样，他们有幸在45元的高位上卖掉，其后招商开始巨幅下跌，结果一直跌到40元。这时他们开始高兴起来，他们会对自己说卖得及时，等它跌到30元时候再买回来。但招商后来的走势并没有给这些一厢情愿的投资者集会，结果一下子又涨到46元，令痛失赎回的他们唏嘘不已。他们已经吃过很多亏了，现在招商又处在了"高处不胜寒"的价位了，这一次，他们又犹豫了，但思量再三的结果是买，原因是它可能还要一路像疯牛似的涨上去。但一个市场调控消息出来，将招商的股价又打回30元的原形，手持着40多元刚刚买进该股的投资者跌坐在那里，面壁无语。这就是波段操作，这就是波段的难处！也是我坚决不做波段的一个重要原因。而相反，长期价值投资不需要反复进出，它需要的只是正常的性格和心态，即买进两三只长期获利高于平均市场水平的绩优股，耐心持有5年、10年甚至20年，然后再去关注它们。20年后，投资者将看到的将是已经涨幅惊人的获利股。

Index3

# 第三章

## 寻觅中国伟大的企业

◆ 估值之困：山顶还是山腰？

◆ 对牛市延续线路图的猜想

◆ 拥有中国资产，分享中国成长果实

◆ 伟大投资时代的价值大蓝筹

◆ 四重筛选价值大蓝筹

◆ 一生拥有，别无所求

◆《全球商业》票选契合了我心目中的价值蓝筹

经过2005年底至今的牛市大行情，指数被大幅推高，价值重估的难度让所有包括市场主力在内的投资者感到困惑。每一次市场调整都引来了投资者的恐慌，"高处不胜寒"也成了当下中国股评用得最多的一个热门词汇。大凡在调整市道里，投资者提出的最多的也是最重复一个问题就是：行情是否到头了？

## 估值之困：山顶还是山腰？

认识中国迄自2005年年底以来的这轮超级长牛市趋势，有几条脉络清晰可辨：其一，站在宏观层面看，中国正昂首步入新一轮的由世界工业制造基地进程加速、城市化进程加速以及国内庞大市场消费升级进程加速引发的经济增长长周期。这个周期受中国人口因素的影响，至少还将持续15年左右。其二，站在微观层面看，在中国经济持续高速向好的宏观背景下上市公司盈利的强劲增长势头，以及股权分置后上市公司估值水平的急速提高。2007年半年报准确无误地显示出整体业绩继续处在高增速水平上（70%以上）。

这样的高增长的年报，放在全球任何一个股市里，必涨无疑。第三，站在中国入世后对外开放的历史高度看，人民币资本项目下将长期大幅升值。第四，也是最后，站在统观层面看，由中国宏观经济长期向好引发的对人民币长期升值的预期，正好和国内外流动性泛滥、资本师傅充裕相耦合，从而导致国内外庞大资本大举进入中国股市。国际上，由于美国次级贷款风暴以及美元长期贬值态势，使原本长驻的巨额国际资本从美国流出，加剧了中国资本市场流动性泛滥的局面。这一趋势至少在未来几年内将无法改变，不管中国证券会高层怎样用心良苦，试图引流泛滥资金，其作用将是杯水车薪。以上四条推升中国股市的主线条在目前尚处在进行时状态，四条主线中的任何一条都足以激发中国股市向上的不断攀升，更遑论到现在，这四条主线已交织、黏合在一起，从而产生出巨大的合力共振。

　　1996～1997年的小牛市结束后，上海股市就以1000点为底部进行调整，一直调整到1999年的5.19，指数在1000点附近走稳，2001年达到2245点之后再次回落，2005年又回落到1000点。它意味着8年股市没有上涨。而这8年，中国GDP总量从1996年的7万亿增长到2005年的18万亿元。2007年，中国经济总量预计将达到24.9万亿元，2008年将达到29万亿元。如果以1996年的GDP总量7.014万亿作为起点，到2008年的29万亿，经济总量增长3倍多。有分析认为，若按照美国股市的经验，中国股市理应在1000点的基础上上涨10倍才对。从这个逻辑来看，目前中国股市牛市远未结束。

　　事实上，过去17年中，中国经济复合增长率16.4%（名义

沃伦·巴菲特（Warren Edward Buffett）

● 在你能力所及的范围内投资。关键不是范围的大小，而是正确认识自己。

● 对一个优秀的企业来说，时间是朋友，但是对于一个平庸的企业，时间就是敌人。

● 计算内在价值没有什么公式可以利用，你必须了解这个企业。

GDP），而从目前的情况以及中国经济的发展思路和发展远景来看，中国经济发展步伐停滞的可能性非常小。分析人士预计，2012年中国GDP将达到48万亿元，相对1996年的7万亿元，增幅接近6倍，这将为中国股市的发展提供强劲的基本面支撑。我们认为，从1998年到2007年，上市公司的复合增长率为33%，相当于中国经济的复合增长的两倍，若GDP能持续增长，那么，中国企业享受高市盈率定价，最起码在未来的5～6年里是合理的。

中国经济持续高速增长的背后，是在经济日益全球化的今天中国作为世界工业制造基地的进程正在加速，新农村运动方兴未艾，城市化速度加快，国内由庞大人口促成的市场正面临消费升级。在这样的大背景下，中国正面临新一轮经济增长长周，以及经济增长长周期大趋势下的新三驾马车：

——新农村运动。中国"十一五"规划纲要提出的六大任务中，头一项就是建设社会主义新农村。建设社会主义新农村标志着中国改革开放和现代化建设进入了一个工业反哺农业，城市支持农村的崭新阶段，特别是农村消费市场的启动将成为中国经济未来可持续增长的根本出路。

——城市化加速度。许多国外学者把"中国的城市化"与"美国的高科技"并列为影响21世纪人类发展进程的两大关键因素。美国《华尔街日报》2005年1月8日以"中国城市化发展迅速"的标题报道："中国二十多年来的经济改革引发了有史以来最引人注目的人口迁移：1亿多人从贫困的农村地区转移到了城市和工业制造区。"但是，与世界发达国家相比，中国城市化程度仍然十分低。

根据世界银行统计，2006年世界高收入国家城市化率为75%，中等收入国家为60%，低收入国家为28%，而中国城市化率仅为43%，比低收入国家略高，却大大低于中等收入国家二三十个百分点，与高收入国家城市化水平更是相差甚远。然而，正是这个巨大差异决定了中国未来城市化发展的巨大潜能。

——还有15年人口大红利。人口红利是指，一国人口生育率的迅速下降在造成人口老龄化加速的同时，少儿抚养比亦迅速下降，劳动年龄人口比例上升，在老年人口比例达到高峰值之前，将率先形成一个劳动力资源相对丰富、人口抚养负担轻、于经济发展十分有利的"黄金时期"，人口经济学家称之为"人口红利"。

招商证券的研究报告则认为，中国人口红利将在2013年结束。在这一较长的时期里，中国经济仍将保持高速增长，与此同时，资产价格也将大幅上涨；中国将保持巨额外贸顺差，外汇储备剧增，货币供应充足，从而令市场流动性充裕；由于劳动力市场条件宽松，资本回报在产值中的占比不断提高。这些都将为中国股市上涨提供强有力的支持。

中国国际金融公司首席经济学家哈继铭更将资产价格上涨、股票市场的牛市行情和人口红利联系起来看待，他对中国人口红利对资产价格上涨的推动作用，或者说股市牛市行情的结束时间的确定和伊曼纽尔·吉米内兹的观点相似，即中国大牛市行情至少将持续到2010年前后。

上海福思托投资管理有限公司总经理金韬认为，按照人生的周期，30～50岁时往往是一个人购物、置业等消费能力最强的时期。

沃伦·巴菲特（Warren Edward Buffett）
●在你能力所及的范围内投资。关键不是范围的大小，而是正确认识自己。
●计算内在价值没有什么公式可以利用，你必须了解这个企业。
●对一个优秀的企业来说，时间是朋友；但是对于一个平庸的企业，时间就是敌人。

中国的生育高峰出现在20世纪六七十年代，这批人目前正好进入到30～50岁的黄金年龄段，形成对消费的强烈需求。这也正是目前股市中支持消费类股票持续走牛的决定性因素。他进一步分析认为，从"人口红利"的角度看，在目前中国的证券市场中，由此带来的市场机会主要表现在消费型与服务型行业上。在消费型行业中，可重点关注的是医药、食品饮料、旅游餐饮、家庭与个人用品等相关行业及上市公司。对医药行业来说，目前国家正在加大力度，进行全民医疗保障制度改革，无疑将进一步强化这一行业的投资潜力。在服务型行业中，应重点关注的是金融、房地产、百货零售、信息技术、交运设施等相关行业及上市公司。以房地产为例，虽然该行业近年来一直是国家宏观调控的重点，但是大量人口进入结婚和生育期，将形成对房地产市场的刚性需求，与刚性需求相对应的则是房地产开发投资的刚性增长，因而这一行业近年来一直是越调控越增长的态势。在房地产投资及相关建材行业增长得到支撑的同时，与房地产相关的家具、家庭装饰等行业的发展也稳步向好。国家对这一行业的调控，只会加大行业内的结构性调整，同时更给了一些上市龙头公司（如深万科、保利地产、中华企业等）的市场机会。而在服务型这一行业中，金融则是一个值得重点关注的行业。不仅"人口红利"对这一行业的发展带来非常大的支持，而且税制改革、人民币升值更将大大强化这一行业的市场机会。预计未来3～5年内，国有大型商业银行的业绩每年将保持20%～25%的复合增长率，而股份制商业银行则将保持25%～40%的复合增长率。像招商银行、中国银行、工商银行等龙头品种，更有望超越行业的平均水平，呈现高增长态势。

中产阶级消费群的迅速崛起。中国的中产阶级定义是什么？是指人均年收入2.5～3万元、家庭年收入7.5～10万元，受过高等教育，参与企业决策和管理，从事脑力劳动的专业技术人员及其白领群体。目前，符合上述标准的人数占中国总人口比例约为13.5%。我们预测，到2010年，以上数字均将翻番。随着中等收入阶层崛起，中国消费率（消费占国内生产总值的比率）将不断上升，将从2006年的62%上升到2010年的68%，并于2020年达到71%，接近发达国家水平。对于中国未来的中产阶层的构成，美国著名咨询机构麦肯锡公司（McKinsey & Co.）预计，从农村涌入城市的农民工这个群体到2011年将增至2.9亿人，大约相当于当今美国的总人口。随着这些人收入的迅速提高，他们也将成长为庞大的中产阶级消费者，其人口数到2025年将高达约5.2亿，相当于那时中国城市人口的一半以上。

我们的调查表明，买房、购车、自费旅游将是当今乃至未来中国中产阶层的三大消费热点。目前的中国中产阶层还没有形成一个实力群体，这正好说明中国中产阶层消费的巨大潜力。今后几十年，中国消费结构升级与经济扩张将形成新的良性循环，表现为如下过程：城镇居民消费结构升级——带动房地产业、汽车制造业等一批相关产业增长——提高经济活动的总量水平——促进农民向非农产业转移和乡村城市化——农民收入提高并在较低档次上形成消费需求——为加工业、原材料工业和建筑业提供了广阔市场——国民经济进入扩张性时期。

中国大国崛起也确立了中国世界制造业中心地位，产业的垂直

沃伦·巴菲特(Warren Edward Buffett)

● 在你能力所及的范围内投资。关键不是范围的大小，而是正确认识自己。

● 计算内在价值没有什么公式可以利用，你必须了解这个企业。

● 对一个优秀的企业来说，时间是朋友，时间就是敌人。

● 但是对于一个平庸的企业，

延伸不仅能培育出具有比较优势的行业，也使得中端制造业、上中游资源资本品行业面临巨大的内外需求拉动力；伴随着城市化和重工业化大背景，高级服务业在信息技术武装下获得了长期生机。随着中国大国崛起，虽然美国等发达经济体表现差强人意，但中国经济在世界经济的引擎力量将逐步显现。近几年的进口结构变化趋势表明，中国产业迈向垂直一体化，制成品、机械与交运设备等出口规模加速扩大，表明包括中端和终端在内的产业链群在中国已经形成。

中国大国崛起的估值逻辑在于，内外因素驱动下的技术进步和劳动生产率提高，不仅增强了中国国际竞争力，也使得和中国大国崛起直接相关的行业大企业的投资回报率快速回升，成长质量快速提高，估值水平大幅提升。

全球投资机构也一致看好中国市场，验证了我们的"大国崛起的价值重估"的观点。摩根士丹利大中华区首席经济学家王庆表示，在与国际机构投资者进行了广泛接触后，他发现，国际投资者对亚洲和中国市场非常看好，尤其是一些规模较大、以美国市场为中心的投资机构，正准备增加对亚洲和中国的投资。

高盛集团执行董事、中国区首席策略分析师邓体顺过去几个月也在全球走了一圈。他表示，就债券与股票而言，高盛更看好股票。现在全球投资者最喜欢两个市场，第一是巴西，第二是中国。高盛对中国股票市场的长期趋势非常乐观，估计未来20年中国股票市场市值占全球股市总市值的比重有可能由2%提高到20%左右，其中蕴含着巨大的投资机会。

中国证监会研究中心主任祁斌大胆预测，到2020年，中国的资本市场将成为世界上最大的资本市场之一。中国人民大学金融与证券研究所所长吴晓求教授也在接受记者的电话采访时说："如果能够满足我们设定的条件，2020年，中国内地资本市场的总市值可能达到我们预测的上限80万亿元。"（注："黄金10年涨到20000点 2020年中国股市将超美国(1)"，华夏时报2007年8月5日。）

"这个预测是有依据的，也是比较保守的。"吴晓求笑称。以我们目前的经济发展速度看，中国的国内生产总值在2020年将达到80万亿元人民币，按照中等发达国家100%的证券化率标准计算，我们股市的总市值也正好是这个数字。

不管预测的数字是哪一个，都反映了投资人的一种信心——我们的资本市场正在追击全球老大美国。中国作为一个新兴的市场经济国家，股市表现出了蓬勃的生机与活力。在过去的15年里，美国股市总市值几乎没有太大的变化，前10年基本维持在13万亿美元到15万亿美元之间，只是在最近5年的牛市中出现了接近5%的增长速度。如果按照最近5年的平均增长速度，经过计算，到2020年，美国股市的总市值大约是33万亿～34万亿美元。而一旦2020年的沪深股市总市值达到80万亿元人民币的话，加上中国香港和中国台湾股市的市值，同时考虑人民币升值的因素，中国股市的总市值有可能超过34万亿美元，中国神话挑战美国牛并不是梦。

就在吴晓求求证中国神话挑战美国牛的可能性的同时，券商人士透露，中国证监会研究中心正在撰写中国资本市场发展白皮书，不少专家建议在白皮书中明确规划到2010年时沪深两市的总市值。

沃伦·巴菲特（Warren Edward Buffett）

● 在你能力所及的范围内投资。关键不是范围的大小，而是正确认识自己。

● 计算内在价值没有什么公式可以利用，你必须了解这个企业。

● 对一个优秀的企业来说，时间是朋友，但是对于一个平庸的企业，时间就是敌人。

伟大投资时代的价值守望

而赞助这项研究的世界银行专家更是相信，2020年中国股市的市值将超过美国。

"创造条件让更多群众拥有财产性收入。"是十七大报告中首次提到的。这也似乎为中国未来的股市市值作了暗示。许多在上世纪90年代初就进入股市的股民，在2000年以前赚的钱还不如2006～2007年这两年赚到的零头，而现在大牛市和长牛市已经使很多股民从股市获得的财产性收入翻番。随着经济的快速发展，普通老百姓积累起越来越多的个人财富。相关数据显示，当前居民储蓄已经达到了17万亿元左右，而随着股市等金融市场的繁荣，百姓投资理财热情高涨，截至2007年10月初，沪深两市投资者开户数超过1.2亿户；基金资产净值总计已超过3万亿元，基金投资账户数超过了9000万个。在这种大金融情势背景下，十七大报告中提出"创造条件让更多群众拥有财产性收入"，这意味着，国家鼓励老百姓除了薪酬收入，还可通过储蓄、国债、基金、投资股市等合法方式来创造财富，给"股民"、"基民"们吃了一颗定心丸，也给未来稳定股市定了基调，因为大起大落的股市是无法让更多群众拥有财产性收入的。

与在2020年实现人均GDP翻两番、达到3500美元的目标相辅相成的，是将带来对金融服务需求乃至保险需求的快速增长。我们预计，到2020年沪深市场市值将达到60万亿元到80万亿元人民币的规模。也几乎在同一时段，国际投资大师罗杰斯说，他自1999年首次买入中国股票起，从来没有卖出股票，只有买进。罗杰斯解释道："中国将是下一个强国，我对此毫不怀疑，在今后的几十年内投资中国将获得巨大的财富；即使中国股市再下跌50%，我也不愿意卖出中国股票。"（注：程超泽，《警惕！中国股市虚拟大崩盘》，北京：北京大学出版社，2007年，第14页。）

不仅是罗杰斯，还有购买中国石油股票的巴菲特、购买工商银行股票的沙特王子，以及购买中国股票的众多国外投资者和中国千万股民，在中国成为全球最大的资本市场的过程中，都在成为"大国崛起的价值重估"的看好者。

### 结论是：

——中国股市还处在长期繁荣的山腰上。认识这一点非常重要，因为以什么样的视野和高度去看待中国这轮长牛市格局，将决定投资者今后财富的多少和生活的幸福与否。在长牛市道和巨大财富效应面前，任何裹足不前和优柔寡断，只会使投资者坐失一生中最好的历史性投资机遇！如果我这个带着猜测性的结论是正确的话，那么，现在投资中国资产仍然正当其时。

## 对牛市延续线路图的猜想

从长线看，我始终坚持我在《大财五年：抓住你一生中最好的投资机会》中阐述的观点，即中国资本市场更大的繁荣在后面。2008年到2010年三年是中国五年超级长牛市的当红年份，中国超级长牛市的脚步也走到了它的流金岁月。说2008年到2010年是中国这轮超级长牛的流金岁月，是因为：

沃伦·巴菲特（Warren Edward Buffet）
● 在你能力所及的范围内投资。关键不是范围的大小，而是正确认识自己。
● 计算内在价值没有什么公式可以利用，你必须了解这个企业。
● 对一个优秀的企业来说，时间是朋友，但是对于一个平庸的企业，时间就是敌人。

首先，2008～2010年将是和谐社会、和谐牛市的集中体现年，一方面是因为政府换届年效应，另一方面是因为奥运会和世界博览会举办年效应。2007年的党代会效应将在2008年开始产生"十七大效应"。会上将做出相应的高层人事安排，将为中国未来"十二五（2011～2015年）五年计划指明社会、经济指明方向。从近10多年的统计数据来看，中国经济、投资的增速具有较强的"新官上任"效应。和谐社会的构建，比如，中西部发展、综合配套的新特区建设、新农村建设等，以及新的经济增长方式，比如，推动自主创新、节能环保等，将成为"十七大"的重要议题。市场对于2008年和2010年两个重要年份经济增长特别寄予乐观的期待。

第二，奥运年景气效应将渐入佳境。2008年8月北京将举办奥运会，统计数据显示，奥运会当年国内生产总值增速平均提高0.85个百分点，消费景气会形成一个阶段高潮。奥运会后可能产生的后续效应也将不断显现出来，特别是由国际游人引起的北京以及周边的旅游业高潮而引发起的效应更加明显。

第三，国家将在未来3年加大对教育、医疗和社会保障等公共财政项目的投入力度，从而可以稳定居民的支出预期，提高居民的消费信心，释放储蓄，提高居民的消费倾向，提升消费需求。

第四，城市化进入加速阶段，为消费注入无穷活力。从现在起到2010年，中国城市化率将从现在的48%提高到55%左右，这意味着每年平均增加约2%以上的城市化率（即每年约有2000万人口从乡村转移到城市），城市化率提高将使消费服务业升级。

第五，中国"转型"的动力，及其对经济长期的推动效应。中国经济社会正处于整体转型期的起点，经济增长机制由"投资一出口"驱动向"消费一投资"驱动转变，经济增长方式由粗放式向节能环保的集约式转变。人口红利、和谐社会、城市化所引发的消费升级和消费贡献度的提升，以及国际产业转移、自主创新、科学发展所引发的产业升级，这些都将促进中国经济转型的内生因素，支撑中国未来3年的快速健康增长。

最后，资本市场转型。股权分置改革引发的中国资本市场转型依然在继续，包括：促进产业升级、优化资源配置的功能，推动上市公司从隐藏利润、转移利润向释放利润的转变，资产注入等。此外，中国民众理财需求进入释放期，但是，证券资产占家庭总资产的权重依然偏小。而流动性过多的问题将长期存在，同时，民众缺乏投资渠道。因此，财富效应将继续推动A股市场的空间。

当然未来三年，一些不同的内外生性的因素也可能对中国股市产生此消彼长的影响，我们预测：

——升值、加息将成常态，资源价格提升，税制改革将启动。我们预计人民币对美元的升值幅度将在未来三年累计增幅20%以上，到2010年年底会达到1∶5.5水平；2008年预计央行非对称加息4～6次，存款利率提高幅度大于贷款利率。从2009年起加息频次将减少。成品油、水、电等资源品价格提高，资源税由从量征收改为从价征收，物业税试点也将启动。

——受美国经济增长速度大幅下滑以及全球经济增长放缓的影响，中国出口增速将大幅回落，投资重新成为经济增长的主要动力；全年通货膨胀率将保持5%左右并有可能在2010年突破7%；GDP

增速将由2007年的11.5%下滑至2008年的10.3%，2009年后的两年将维持在10%左右的增长率。

——2008～2010年上市公司盈利增长30%。周期性行业盈利增速明显放缓，内需行业盈利增速保持稳定，但受美国经济影响外贸出口这一块将拖累全市场盈利增长水平。

——大宗商品价格走势分化。原油价格维持高位，黄金、农产品、铁矿石、钢铁、稀土价格上涨，基础金属价格下跌。

——随着股指期货于2007年年末和2008年年初之交登场，多空博弈激烈。具备良好流动性的股指期货将逐步满足机构多样化的投资需求，为非流通股持有者提供有效的套保工具，同时成为对冲基金孕育和发展的契机。上证指数可能沦为操纵股指期货的间接工具。

——蓝筹扩容速度降低，但非流通股减持加速，市场压力增大。随着央企整体上市、红筹回归启动，蓝筹队伍继续扩容，但IPO融资规模将比2007年降低。与此同时，非流通股减持的速度将大大加快，市场总体压力明显增加。从2008年起包括基金、居民储蓄、保险、券商自营及集合理财、企业年金、社保基金、QFII七类主体提供的资金供给每年将不超过2100亿元，然而包括红筹回归、限售股、QDII和境外直投、印花税、定向增发、配股六类的资金需求将达8000亿元，整体呈现供求关系偏紧的情况。

总之，2008～2010年，中国股市恰逢盛况空前的世界性盛会——奥运会和世博会——在中国召开，从这个意义上说，2008年到2010年是中国这轮超级长牛的流金岁月。由所有一系列重大经济事件，都将引发中国境内最大一次投资狂潮，从而直接、间接影响到和基建相关的钢铁、水泥、能源、高速公路、航空以及家电、消费、商业、旅游等产业的蓬勃发展。由于供不应求，上游产品价格将不断被推高，而世界能源紧缺，特别是国际石油价格已撑破100美元大关的事实，引发了新一轮的价格大幅上涨。水涨船高，受价格上涨的鼓舞，中国股价也一路疯狂上涨。2008年底到2010年上海世界博览会闭幕前，中国经济大繁荣和大泡沫将相伴相生，一些和这次经济繁荣大周期相关的股票都将发力上攻，尽管那时的通货膨胀率也将不断上升，从而使央行加大收紧银根的力度一次比一次更大。每一次调控都带来了市场力度更大的震荡，震荡在2008年到2010年间似乎已成了一种常态。就在不断大震荡中，我们正在迎来五年长牛市中最大一次的主升浪。

就在2008年奥运会到来前2007年年末的一次基金经理问卷调查中，被访的72位中国基金经理中83%基金经理明确表示，牛市根基不改，2008年年仍处于牛市的中期，近四成认为2008年上证指数将超过8000点。52位基金经理将"人民币升值"、"奥运题材"、"通货膨胀"、"资产注入"作为2008年的投资主题，而"人民币升值"将成为最热门主题，而在人民币升值概念中，27%的基金经理看好金融业。不少业内人士认为，"金融业将成为贯穿本次牛市的主线"。一位上海的基金经理表示，金融业是高税负行业，将极大受益于明年的税制改革，另外人民币升值、GDP的稳步上升也将驱动金融业的发展。不少选择"奥运概念"的基金经理表示，这一主题涉及到地产、零售消费、旅游等众多板块，关键是精选个股。

沃伦·巴菲特(Warren Edward Buffett)

在你能力所及的范围内投资。关键不是范围的大小，而是正确认识自己。计算内在价值没有什么公式可以利用，你必须了解这个企业。

对一个优秀的企业来说，时间是朋友，但是对于一个平庸的企业，时间就是敌人。

消费、零售业是基金经理们从2006年年底就开始看好的行业，但2007年的相对涨幅不大。一位选择"其他"项的基金经理表示医疗改革也是投资主题之一，所以该基金经理看好医药行业。房地产、能源行业的多空分歧比较大，特别是房地产行业，不少基金经理认为这一行业受政府调控政策影响太深，虽然受益于人民币升值等基本向好因素但还是不太看好。也有基金经理认为利润高增长将出在整个经济的上游行业，看好资源类行业，如能源、矿产、煤炭、钢铁等。作为牛市基础的大盘蓝筹股多数基金经理仍然看好，29%表示将继续持有，特别是对于均衡配置型基金而言。然而，也有47%的基金经理表示会调整持有结构、对个别行业的蓝筹股不看好。最后，半数基金经理预计，2008年的基金净值增长率将为20%～40%。当然也有44位基金经理认为，2008年中国股市不确定因素主要来自于宏观调控活动。这次问卷调查活动收集了来自北京、上海、深圳、广州的几十家基金公司的72位基金经理的反馈。

除了这次问卷调查，其他基金经理也纷纷预测来年行市：

中金公司私人业务部副总经理刘志坚在他的最新研究成果中认为，多年来，中国经济的高增长形成了大牛市的基础，未来经济也还会增长，股票就会越涨越便宜。未来仍要坚持三条投资主线：一是人民币升值受益板块。如金融、地产、资源、航空、造纸类；二是股权分置改革带来的整合板块。股权分置后，一些上市公司会以较低的价格，将一些优质资产注入到上市公司中，增强上市公司的盈利能力。虽然，近期资产注入类股票走低，但随着大盘回暖，还会回到原来价位。三是业绩大幅增长的公司。如消费品、商业地产类。

　　深圳市瑞象投资管理公司董事长陈军认为，"深南大道产业带"和"京津产业带"是重要的投资机遇。深南大道凝聚中国最具创新、最有市场化能力和持续吸引能力的一批知名公司，比如万科、盐田港、招商银行、中国平安等。而京津产业带凝聚本轮经济或领导层重视的企业，包括已成为世界企业的中国移动、中国人寿、中石油等。第二个投资机遇是股指期货的推出。其简单容易操作的方式是工薪阶层以及新股民的很好选择。第三个投资机会是"制度创新和人民币加速升值带来的机会"。包括地产、金融行业、大型国企等。第四个投资机会是目前一些新的领域。包括港股直通车和B股的投资洼地。深圳老股民的投资不妨再加入一些，尤其是A股和港股同时上市的公司。但港股投资也存在巨大风险。

　　德邦证券甚至给出了该投资公司的基本行业配置：金融银行大蓝筹、地产、有色、石油化工、机械、酿酒、电子和医药行业等，个股关注工商银行、招商银行、建设银行、万科A、江西铜业、中国石化、中国石油、中联重科、五粮液、中国联通、航天信息和科华生物。

　　中信证券2008年资本市场年会2007年11月26日在海南博鳌举行。中信证券指出，中国股市已经不再是牛市初级阶段，业绩、奥运、两税合并等因素依然还在支撑牛市运行，但波动幅度会明显加大。另外，牛市的进程中会发生结构性的变化，外需行业的普遍繁荣时代即将过去，内需性行业相应兴起，因此，布局消费服务，兼顾产业升级，应当成为2008年股市投资的主线。

沃伦・巴菲特(Warren Edward Buffett)

● 在你能力所及的范围内投资。关键不是范围的大小，而是正确认识自己。

● 计算内在价值没有什么公式可以利用，你必须了解这个企业。

● 对一个优秀的企业来说，时间是朋友，时间就是敌人。

但是对于一个平庸的企业，

中信证券指出，业绩和资金依然是判断市场的主要依据。当前企业业绩增速虽然减缓，但企业盈利能力并没有恶化，流动性收紧还会经历一个渐进的过程。除了估值因素外，短期内部存在压制市场的重大基本面因素。而统计显示，虽然目前市场估值水平达到39倍，处于历史上的较高水平，但考虑到明年的业绩增长，2008年A股市场动态市盈率实际在30倍左右。但值得注意的是，日本、中国台湾地区在牛市中都经历了投资热点向内需型消费服务转移的过程，这个转移过程的根本原因是外贸顺差的逐步消失，与此相伴的升值和通胀进一步提升了消费服务性行业的投资价值。这种牛市中换挡过程的内在机理应当引起投资者关注。

根据以上思路，中信证券提出，应重点关注对外依存度较低或附加值较高、而盈利增长较快的行业，受益于经济结构转型的下游消费服务型行业，以及部分存在行业集中度提升、技术进步和劳动生产率提高、龙头公司溢价效应的周期性行业公司。

中信证券建议超配地产、金融（含银行和保险）、医药、机械、白酒、航空和建筑行业，重点推荐公司包括工商银行、交通银行、中国人寿、万科A、泸州老窖、双鹤药业、中国国航、大秦铁路、中国船舶和宝钢股份。同时，中信证券还对H股市场抱有很好期望，看好的公司包括工商银行、交通银行、中国人寿、远洋地产、广州药业、锦江酒店、中国国航、中国建筑、马鞍山钢铁。

# 拥有中国资产，分享中国成长果实

从经济格局看，中国自加入世界贸易组织（WTO）后正在纳入全球统一的大市场中。沃尔玛、家乐福等一些世界级连锁巨头正在紧锣密鼓地抢占中国市场，行业兼并重组如火如荼，行业集中度在加强，最后势必形成几家巨大的、最有规模、最有效率的巨无霸龙头企业成为行业的领袖。对中国各行业的龙头企业来说，随着国内区域壁垒的拆除同样面临着极大的发展机遇，它们的成长不但表现为行业的自然增长，而且还表现在市场占有份额的非常规提高。例如，在上市公司青岛啤酒身上，我们已经看到了美国AB公司1960年时的身影。1960年，AB公司在美国市场的占有率约10%，经过40年的发展，到2002年，AB公司在美国市场的占有率已达到49%。而青岛啤酒目前在中国市场的占有率为12.5%，它的发展潜力巨大，且前景一片大好。

更重要的是，像青岛啤酒这类龙头企业，我们更看好其未来利润率上的提高。由于中国目前还存在着地区市场分割和地方保护主义现象，青岛啤酒的营业费用和销售费用占总收入的比重过大，分别为8%和16%，造成青啤净利润极低，仅为3%。而AB公司这两者之和才16%。可以想象，在未来，当中国一旦消除地区壁垒之后，诸如像青啤这样的龙头企业将不再需要维持如此高昂的营业费用和销售费用，那么，它的净利润率也会因此而大幅上升。

青岛啤酒绝不是个案，它是当今中国一批龙头企业的代表。未来几年，随着以"上证50"为代表的一批龙头企业的利润增长，且远远高于国内生产总值（GDP）的增长，这将为目前还在进行时的长牛市的后续发展打下坚实的基础。

从海外资本市场看，当人民币开始第一个10%的升值时，全球资本会像潮水般的蜂拥而入中国，人们接着又会预期下一个10%的升值。而人民币升值引起的赚钱效应，又将诱发更多的全球资本到中国资本市场中来。更进一步看，当美元区投资者投资于人民币资产的证券市场后，由于他们有币值升值部分的补偿，他们在中国股票市场里也可以接受比本国股市更高的市盈率，这将是未来推高中国股市市盈率的又一重要力量。当然，还有一个理由就是在牛市市道里，当赚钱效应引发疯狂时，人们将不再计较市盈率的高低。日本20世纪80年代股市平均市盈率曾在疯狂的时候达到60倍，由此可窥见中国股市未来市盈率的可容忍性。

今天的中国经济面临着和日本1985年非常相似的景气景况。1985年，日本经过战后几十年黄金发展期，各产业竞争力非常强，贸易顺差年均高达470亿美金。美国联手其他经济发达国家向日本施压，要求日元升值，这就是我们所熟知的"广场协议"。从此，日元从1985年对美元1∶260升到上世纪90年代初的最高点——1∶80，上升了足足3倍。在日元升值的强大预期下，全球资本都涌向日本，日经指数也从1985年的7600点升至1990年最高39000点，升了5倍。日本的地产价格也升至历史最高位，东京地产总值一度甚至超过了全美国的地产总值，难怪那时有一阵子从日本国内传出有人要收购整个美国的狂妄叫嚣。

中国自1978年实行改革开放以来，经过20多年的高速经济增长，综合国力得到了空前提高，未来人民币将成为继美元、欧元、日元后全世界第四大硬通货，人民币资本崛起已是势不可挡。对一个美元区投资者来说，如果2007年他将1亿美元换算成人民币投入中国资本市场，即使假设存入银行没有利息或资本本身不升值，10年后到2017年，假设人民币升值1倍，他只要卖掉人民币资产换回美元，那么以美元计他的年复合回报率也仍有10.5％。同美国30年期国债5％的收益率相比，回报率要高出一倍。更重要的是，人民币升值从2005年年中中国央行提出人民币汇率改革至今已经是一个确定而不争的事件，而对这一确定事件进行投资，潜在的风险要比30年期美国国债要小很多。

如果假设中国是一家上市公司，1995年人民币对美元1：8.27，当年中国GDP总值为57733亿元人民币，从美元角度衡量，12年前中国经济的总规模还只是一个创业板公司，系统及政策风险也都颇大。但经过这么些年的强劲发展，"中国"这家世界最巨型的上市公司已今非昔比，2005年GDP总值达到24000亿美元，排列世界第四。2007年7月中旬，中国国家统计局公布的2006年GDP初步核实数据显示，中国2006年的GDP达到人民币21.087万亿元，约合2.70万亿美元，与德国2006年的2.30万亿欧元（约合2.86万亿美元）GDP仅一步之遥。按照目前两国的GDP增长速度，2007年中国GDP有可能超过德国，仅次于日本和美国，跃居世界第三。从中可以看到，中国无论在经济总量、综合实力和外汇储备规模上都已名列世界前茅。可是，人民币的汇率却仍维持在一个较高的水平上。2005年7月1日，央行放开人民币对美元的浮动幅度，到今天也只是近8％的升幅，因此对外资而言，中国是一个价值被大大低估的巨型蓝筹股。

换一个角度看，沃尔玛和微软两家上市公司的总市值为5000多亿美元，折合人民币4万多亿，是目前深沪两地1200多家上市公司的总市值的1/6，也就是说仅美国两家上市公司就可以买下1/6中国上市公司的资产。这岂不很荒谬！其实，这里的言外之意是，在中国资产被严重低估时，中国股市所谓的市盈率还重要吗？正是看到这一严重被低估的事实，以巴菲特、索罗斯、罗杰斯、盖茨等为代表的海外资本操盘精英重仓投入中国资本市场就不足为奇了。"拥有中国资产，分享中国成长果实"，将是未来一二十年华尔街谈论的主要话题。

我们关注到，2002年中国吸引外资的数量在历史上首次超过美国（570亿美元），占全球第一位。自2001年以来中国外汇储备增加得很快，到2006年第三季度，外汇储备已突破一万亿美元，排列世界第一。这5年来中国增加的外汇储备相当于前10年外汇储备总和的3.57倍。从中不难发现，全球资本正在快速进入中国市场，中国资产就成了很好的投资选择。

由于有了日本的前车之鉴，中国政府已经认识到货币急速升值对一个国家经济发展的破坏力，因此采取了相应的稳定人民币汇率的措施，同时吸引更多海外产业资本进入中国，全面增强各行业竞争力。但在中央政府坚持稳定人民币汇率同时，又将遇到一些新的挑战，其中之一就是通货膨胀。我们预计，从现在起，随着中国经济的持续高速发展，中国通货膨胀趋势也会加剧。全球资本，特别是当前全球资本流动性泛滥，进入中国市场追逐有限商品，将引起通货膨胀急剧升温。另外，中国的出口竞争力正在日益增强，它在向全球输出更多商品的同时也带来了自身贸易保护主义问题。因此，对中国政府来说，这似乎是一个两难选择：要么人民币升值，失业率上升，竞争力下降；要么接受通货膨胀以及更多的贸易磨擦。但我们有理由相信，中国政府最终会走一条中间路线，即既接受人民币升值，升值又相对缓慢的方式，同时又能忍受轻微通货膨胀。对证券市场来说，人民币升值及通货膨胀将是人们思考未来资产配置及证券选择的两大前提，那些能抵御通货侵蚀的上市公司将是未来几年的大赢家。

中国资产到底是一种什么样的概念？如果说对A、B、H股的投资都只是一种方式，那么当前投资哪个市场、什么样的公司最能分享中国经济高速成长的成果呢？目前来讲，中国资产指的是公司主营在中国内地，收入主要为人民币的公司。按此定义，显然目前的A股、B股、H股都属于中国资产概念。投入这样的公司，从整体市场角度看都将分享到整个中国经济高速增长带来的成果。其中，我们更看好各个行业的龙头企业。

由于中国香港和内地股市将同步进入一轮较长时期的长牛市，因此，选择在未来中国至少还有15年人口大红利分享的行业龙头企业进行长期投资，其风险当然就小。优秀的公司是值得长期投资的，我们不会因为已经有了2005年年末到2007年年末整整两年的大幅上扬就不去投资这些股票了，因为如果这个企业后市还有200%以上的获利增长空间，我们又怎么会介意眼前的这点涨升呢？我们可以看到，汇丰在过去30年里涨了几十倍，香港首富李嘉诚的和黄

地产上市公司甚至上涨了上百倍，因此真正好的公司是值得投资者长期去反复投资的。

在过去几十年里，当很多人读完可口可乐的年报后，总是感叹自己怎么就没有像巴菲特一样及早发现这么优秀的公司。可是，眼下当你还不关注那些在中国各行业的龙头企业，几十年后，你恐怕也会像那些读可口可乐年报的人一样扼腕叹息自己错过了一生中赚取几十倍甚至上百倍利润的机会。如同我们前面所说的，中国企业目前同全球跨国巨型企业相比还只是小级别企业，但我们有充分理由憧憬：若干年后，从这些企业，特别是中国的龙头企业里，一定会崛起一批像沃尔玛、可口可乐这样的世界级的巨型企业，而像中国石油、中国工商银行、中国银行、中国远洋等，都已初露峥嵘。

当然，我们这里说的主要还是从企业角度而不是从交易角度看股票。我们认为，当前股票市场上还时有人倡导选择小盘股，这是由于旧的投资理念的存续影响。我们这样说并不是说对小盘股就不可以关注，关键还是小盘股所在公司的运营风险太大，未来能够存活下来的概率不高，加上容易被兼并重组，即便暂时存活下来，成长性也可能很好，但将面临能否永续存活的挑战。在作者的心目中，完美的投资当然是：其风险级别相当于债券一样保险，成长级别又相当于高科技股。我们深知，一旦投资出现失误，损失的将不仅仅是金钱，更多的是机会成本。

我们可以把投资类型细分为三种：第一种，高风险与低回报；第二种，风险与回报对称（有效市场理论信奉的那种）；第三种，低风险与高回报。举凡投资者永远在寻找的是第三种的那类投资机遇。这就要求投资者做好平时的功课，开阔自身视野，并准备好头寸随时待命。在大多数时候，投资者就像一头倚伏于丛林里静等猎物出现的猎豹，当市场因各种原因出现有利的重大转机时，投资者就应该全力出击。从这个角度看，投资者更喜欢的不是长牛市的逼空上涨，而是上涨市道里的大幅调整，因为在牛市猛烈上涨中寻觅低估的股票其实是一件非常非常难的事，但在调整市中却可以游刃有余地寻觅出很多好股票来。

　　投资者通常应采取巴菲特投资企业的策略，在投资前也像巴菲特一样对所要投资的企业进行小心求证，事先做足功课，进行调查研究，分析报表。例如，在投资万科A时，去遍布全国的它的楼盘。总之，在每一次重要投资决策形成前，投资者一定要问自己，今天如果将头寸入单在某个股票标的上，我们是否可以高枕无忧。由于每一次投资行为需要耗费大量精力，所以我们投资的股票一般会一旦买入，就持有几年都不换手。钻石级的投资机遇永远是稀缺的，一旦拥有，绝不轻言放弃。

　　抛弃技术分析专注公司质地进行投资的策略在中国看来已成气候。证券市场每日价格的波动，甚至大震荡对投资者来说已成为一种常态，市场只不过是大众各种心理的随机反映。市场的"二八"现象表明，永远有80％投资者亏损，成功的投资者永远都不是大众的一分子。如上所述，投资人不是先知，无法预测未来股指会是什么，指数的底和顶只有上帝才知道。唯其如此，投资人就才应抛弃指数分析和量价分析，也不用个股图形作为判断投资的依据。所谓图形只是一种工具，是大众心理对公司每日看

沃伦・巴菲特(Warren Edward Buffett)
● 在你能力所及的范围内投资。关键不是范围的大小，而是正确认识自己。
● 计算内在价值没有什么公式可以利用，你必须了解这个企业。
● 对一个优秀的企业来说，时间是朋友，但是对于一个平庸的企业，时间就是敌人。

法的图表化。从历史曲线试图引申出未来走势，那是荒唐的！但投资者仍然应该看重基本面的分析，在分析中寻找在不同行业里能在未来10年、15年、20年，甚至30年里都能存活下来，并且有较高成功率确定性的企业。

现在世人对中国经济的持续高速增长已有了一个比较统一的认识，但对中国宏观经济增长认识的高度还远远不够。如果2010年中国GDP能达到30万亿人民币，在中国领土上还不出现跨国公司巨头是无法想象的。中国日益改善的法制环境也为这些跨国公司巨头的横空出世提供了温床。同时，本土企业也具备了成为世界巨头的各种素质，本土企业可以发挥本土文化融合性强和成本低的优势，从而迅速发展和崛起。对投资者来说，要看到这样一个大的发展趋势，从中国经济增长、生产力比较优势中挖掘出未来可能成为国际巨头公司的本土企业，如中兴通讯就是这样一个伟大企业。它有非常清晰的主业，无论是领导层还是管理团队都很优秀。过去十多年里，它的国内销售额直线上升，从40亿上升到160亿人民币，海外销售额从3亿上升到10多亿美元。通常认为，中国高科技企业在做到20亿销售规模后很难再有增长，但中兴、华为、UT等一些企业在突破了20亿后仍在高速增长，这表明：他们已具备了很强的国际竞争力。因此，现在正是投资他们的最好机会。

一些投资者可能因所投资的上市公司的股票出现短期调整而忽略其长期增长趋势，这是一种目光短视。未来十年将是中国上市公司发展的黄金时代。这是一个伟大的历史进程，不要把目光仅仅停留在短期收益率上，要有长期发展观和对这个巨变时代的前瞻性预见。中国经过近30年的改革开放，企业家这一职业阶层正在群起。过去30年来企业家经受的各种考验和面临的各种艰难困苦，已使得这些本土企业迅速成长、成熟起来。也许在未来10年、20年里，我们可能还将不断修正对中国经济发展的预期，因为我们总是发现自己的预期过于保守。我们认为，2010年中国GDP可以占到全球的15%甚至更高，在股市方面中国证券市场也将面临史无前例的机遇，并将改变以前的盈利模式，这个新的盈利模式就是我们耳熟能详的所谓的"价值投资"。

我们生活在一个进行着深刻变革的国家，处在一个伟大的投资时代，我们的任务就是要寻找中国最优秀的公司，能给我们投资带来最大利润的公司。以前我们不敢说这样的公司有很多，现在可以说已经有很多了，更主要的是挖掘那些正处于萌芽状态的成长型企业。我们深信，如果你手中拥有这些发展潜质巨大的企业股票，坚持数年，甚至10年到20年，你的财富将随着这些企业的高速增长达到傲人的地步。因此从这个意义上说，每个投资者与其说是证券投资家，不如说是一个企业投资家，投资者投资的股票就是一个企业，一旦买入一个企业，在短期内当企业还没有来得及表现其内在深层次价值时就被卖掉了，那只能说明这个投资人疯了！

## 伟大投资时代的价值大蓝筹

只要一说起大蓝筹，我们自然而然就联想起那些举世公认的美国道琼斯工业平均指数（DOW JONES INDUSTRIES AVERAGE INDEX）

沃伦·巴菲特（Warren Edward Buffett）

● 在你能力所及的范围内投资。关键不是范围的大小，而是正确认识自己。

● 计算内在价值没有什么公式可以利用，你必须了解这个企业。

● 对一个优秀的企业来说，时间是朋友，时间就是故人。但是对于一个平庸的企业，时间就是敌人。

的30家成份股公司，他们有着人所皆知的显赫名字，杜邦、沃尔玛、波音、花旗集团、JP摩根、通用汽车、微软、通用电气、IBM、可口可乐等等。中国的大蓝筹又在哪里？近年来，随着中国大国脉动和中国大国崛起，以及股市大幅回暖和上涨，股市出现了大蓝筹回归现象。从2006年9月下旬开始，国航、大秦、招行等一批蓝筹股出现了罕见的大行情，10月起随着工商银行的上市，更将股市行情推向了一个前所未有的高点。2007年5月30日长黑后，中国股市先后两次再次掀起气势恢宏的大蓝筹股行情。我们有理由相信，中国市场的"二八现象"将反复主导未来的长牛市过程，而大量的非蓝筹股将被迅速边缘化。这一过程绝非中国仅有现象，而是所有已经走过这一过程的发达国家和新兴准发达国家或地区共有的必然现象。

什么是大蓝筹？

大蓝筹一定具有经济学意义上的稀缺性。蓝筹是时间的积淀，没有历史的企业不能称之为蓝筹，蓝筹股的历史性决定其稀缺性。在资金不断流入市场，资金管理日益专业化，蓝筹股的稳定性、确定性、可预测性特征使其成为重要配置标的。从上述供给需求矛盾看便成就了大蓝筹股的溢价：这一现象在完善的市场条件下不仅存在且必将长期存在。中国股指期货的推出将形成大蓝筹的长期交易溢价和长期投资价值。

大蓝筹一定是大型公司的股票。蓝筹公司在资本市场上受到大宗资本和主流资本的长期关注和青睐，以资产规模、营业收入和公司市值等指标来衡量，企业规模是巨大的。

大蓝筹一定不会诞生在边缘行业。大蓝筹承载的是产业与民生甚至国家的光荣与梦想，所以但凡大蓝筹通常都是国家的支柱产业中，例如宝钢股份、中国国航、工商银行、中国石化等。

大蓝筹一定担当着产业领袖的角色，是产业价值链和产业配套分工体系的主干和统摄力量。不仅在规模上，在技术水平、管理水平上都是这个行业的代表。大蓝筹一定不是地方性公司的股票。沃尔玛、麦当劳、可口可乐等一些美国巨型公司，都是跨国公司帝国。在全球经济一体化的今天，大蓝筹公司无一例外地都会将人力资源、原材料、技术力量这些生产要素全球配置。

大蓝筹一定会获得长期稳定的收益。蓝筹公司都尽量维持一个稳定的、连续的和市场认可的红利支付水平。它们往往按季度或者按年度定期给股东派发红利，当预期业绩不足以支持的时候，它们则可能考虑用派发过去未分配利润的方法来维持红利分配的稳定性和连续性，以保持公司股票的市场形象。

大蓝筹一定是能够有效抵御市场风险的。作为大蓝筹公司的一个重要特征就是能够有效抵御市场波动风险，而大蓝筹公司抵御风险和财务危机的重要手段就是通过管理债务结构和资产结构来实现。2007年"5·30"股灾，工商银行、中国银行就是属于这类能够抵御风险的巨型公司。在股市中，如果投资安全是第一位，赚钱才是第二位的话，那么还有比像工商银行这样的股票更值得信赖的吗？早些年，国内房地产业经过宏观调控，很多公司出现了亏损，而万科一直保持稳定的利润增长。正是由于蓝筹公司有极强的抗市场风险的能力，这对于投资者来说是长期投资策略的可靠保证。

沃伦·巴菲特(Warren Edward Buffett)

● 在你能力所及的范围内投资。关键不是范围的大小，而是正确认识自己。

● 计算内在价值没有什么公式可以利用，你必须了解这个企业。

● 对一个优秀的企业来说，时间是朋友，但是对于一个平庸的企业，时间就是敌人。

## 四重筛选价值大蓝筹

稳定的现金红利。在定性分析中，大蓝筹公司必然有超大型企业规模和卓越的管理，美国GE公司之所以成为GE，经历了1892年爱迪生电灯公司的天才创业时代、1947年～1978年的组织变革时代、传奇CEO杰克·韦尔奇代言的公司重组阶段以及1990至今的全球全方位争霸赛。灵活的大象需要有久经考验的生存和发展能力，它们是行业龙头和产品领袖，领导着产业走向。

良好的盈利能力。在盈利持续性方面，大蓝筹公司凭借自身雄厚的资本实力、先进的研发力量、稳定的市场占有率，能够在10年或者更长时间里保持利润的稳定性和持续性，因而在股价上包含着相当比重的成长机会价值。

投资风险低。与那些新兴企业股票相比，大蓝筹拥有良好的风险抗跌能力。新兴企业可能由于持续的经营历史不够长，商业模式和生存能力未能经受足够长的时间考验，未来不确定性大，既可能高成长也可能大风险，股价容易暴涨暴跌。而大蓝筹则在经济萧条、股市低时表现为较强的抗跌性。当然，我们并不排除市场危机和市场走熊的时候，蓝筹股也会跟着下跌，甚至在市场暴跌或崩盘的时候蓝筹股往往还领跌，但优秀的大蓝筹会在行情好转时有强大的复原能力。

估值合理。在选择股票时我们常常能听到"价值低估"四个字，价值低估也就是说该股票具有投资价值，巴菲特的原则就是买低于实际价值的股票而非买了以后期待它能涨过其价值的。有关这一点，世纪回答了许多网友提出的：股价已大幅上涨，中国还有可投资的股票吗？

从价值低估和杠杆效率最大化角度考虑，总市值规模越大、业绩增长越稳定、估值水平越低的大盘蓝筹，将更受到市场投资者的青睐。考虑到中国GDP年均增长速度远高于其他国家，无论从PE还是PB估值水平，较高的估值水平是完全正常的，例如沪深300指数PE与PB水平上限分别可达到25倍和2.5倍。

在上述四重筛选基础上，以及对过去和未来信息进行综合分析基础上，我认为：未来3年，即从2007年下半年到2010年下半年，银行、地产、钢铁、消费、机械、电讯、有色金属等企业可能是最赚钱的行业，而在这些行业也将产生中国的大蓝筹：

房地产板块：万科A、保利地产、招商地产

银行板块：招商银行、工商银行、民生银行、兴业银行、建设银行

钢铁板块：宝钢股份、武钢股份

消费类：贵州茅台、五粮液

有色金属：中国铝业、云南铜业、锡业股份、西部矿业

能源板块：兖州煤业、西山煤电、长江电力、中国石油、中国石化

建筑农机重卡：三一重工、振华港机、中联重科

准金融：中信证券、中国人寿、中国平安

沃伦·巴菲特（Warren Edward Buffett）

● 在你能力所及的范围内投资。关键不是范围的大小，而是正确认识自己。
● 计算内在价值没有什么公式可以利用，你必须了解这个企业。
● 对一个优秀的企业来说，时间是朋友；但是对于一个平庸的企业，时间就是敌人。

电讯企业：中国移动、中国联通、中兴通讯

## 一生拥有，别无所求

15年前，万科A以14.58元的价格挂牌深圳证券交易所，成为深市最早期的"老八股"之一，15年后的今天，万科A复权股价已经高达2048元，增长139倍；6年前，贵州茅台首日挂牌31.39元，历经许多年的牛熊市反复，这只知名的一线白酒股，翻了17倍；3年前，苏宁电器开盘价29.88元，时至今日，苏宁电器复权股价已近4位数，真正今非昔比；1年前，保利地产以20元的价格亮相交易所，目前的复权价近130元，是开盘价的6.5倍。

一连串数字演变的背后是财富的巨大增值。理财周报记者在全国范围内采访获得的一个个财富故事，反映出价值投资的弥久珍贵。

没有什么比持有一只蓝筹股更能让我们兴奋的了，因为这种绩优股是我们战胜通货膨胀的最有力的武器之一，因为通货膨胀无时无刻不在侵蚀着我们的财富。若以每年5%的通货膨胀率计算，今天的100万元，5年后将缩水20%；10年后的实际价值将是59.87万元，损失超过40%；30年后，100万元的实际价值将缩水成区区的21.46万元。通货膨胀这个"魔头"随时窃走我们的财富。只有投资才能抵御通货膨胀对财富的侵蚀。

我们不妨再来做一个数字计算：在A股长期走牛的背景下，如果你的投资每年增值20%，那么投资100万元，20年后你将拥有3834

万元。这就是复利投资的魅力。全世界最有名的复利受益者是巴菲特，其通过买入并坚定持有的策略，获得年均28.6%的复利回报，40年时间收益2万多倍。如前所述，刘元生的A股投资者在19年前通过购买万科原始股，持有到今天，最初的360万元已经膨胀到20多亿元。刘元生的投资回报率超过了股神巴菲特，他已经成为一名伟大的投资者。

如果你同意"短期的股价波动受到多方因素影响很难判断"的基本判断，那么，你要投资类似保险股这类蓝筹股的方式方法就是——持有，持有，再持有！如果非要给个持有期限的话，我希望是一生！

当然，选择什么样的个股作为你一生拥有见仁见智，但如果你能从宏观经济、国内外大势、企业长远基本面，更重要的是从未来危机风险角度防御性考虑等因素进行筛选选股，你将不难发现值得你一生拥有的个股。比照我上面"四重筛选价值大蓝筹"的标准，我向我的读者隆重推荐我心目中的10只金股。

**沃伦·巴菲特** (Warren Edward Buffett)

● 在你能力所及的范围内投资。关键不是范围的大小，而是正确认识自己。

● 计算内在价值没有什么公式可以利用，你必须了解这个企业。

● 对一个优秀的企业来说，时间是朋友，但是对于一个平庸的企业，时间就是敌人。

十大金股

1. 中国石油（601857）

2. 工商银行（601398）

3. 招商银行（600036）

4. 万科A（000002）

5. 中国平安（601318）

6. 中国神华（601088）

7. 中国银行（601988）

8. 中国远洋（601919）

9. 兴业银行（601166）

10. 中国人寿（601628）

在这十大金股中，大金融概念股成为我选股的重中之重，不仅因为它们是这次中国长牛市里中国经济大繁荣和人民币升值的最大受益对象，更因为它们就代表了中国脉动和中国崛起，不能想象，像中国这个正在崛起的经济大国和经济强国，如果没有金融作为其强大后盾，它还能有什么作为？同样，如果没有了中国石油作为未来中国永续发展的资源后盾，以及中国远洋作为中国永续发展的运输后盾，中国崛起还有作为吗？

我在选股中也同时反复拷问自己，如果今天、明天或者后天中国就发生金融大崩盘，我手上拥有的股票将出现什么结局。回答是：在崩盘压顶之际，所有股票都将一无例外地惨跌；但在危机，尤其是大危机中，只有那些能置之死地而后生，能凤凰涅磐的股票，才是我的真正所求，才是我的至爱，才是我一生的倚靠！因此，真正好的股票必须是"众里寻她千百度，那人却在灯火阑珊处"的那种，是"风沙吹尽始见金"的那种。而大金融，正好符合这一点，它因为大市值，因为实力，因为垄断，也因为国家保护产业，而将在大危机后迅速崛起，并且凭借它们的实力进行全球范围内的廉价大肆收购兼并。它们也将是危机过后最先沉底反弹并走上价值回归的类股。这就是我们一生所求的金股！持有它们，你无需害怕什么？但大牛市中的中信证券和宝钢股份，虽然是大牛股，是大蓝筹绩优股，但它们在股市大崩盘时肯定将首当其冲地沦为大熊股，甚至好多年都将沦落为垃圾类股。在漫长绵延的大熊市里，我们预想中信证券将一再沉沦；在经济危机，尤其是在类似1929年世界性经济大危机时，作为周期类产业股——宝钢股份，也将因大量产能严重过剩而停止发展，甚至倒退。

最后，一旦选择持有，希望你能像巴菲特所言："我偏爱的投资期限是永远。"

## 中国石油

世界级能源巨头。中国石油的主营业务为原油和天然气的勘探、开发、生产和销售；原油和石油产品的炼制、运输、储存和销售；基本石油化工产品、衍生化工产品及其他化工产品的生产和销售；天然气、原油和成品油的输送及天然气的销售，是世界最大的一体化能源公司之一，连续五年亚太第一。公司是全国最大原油和天然气生产商，资源优势突出，原油储量60%以上，天然气储量85%。2006年的原油和天然气已探明储量为116.2亿桶和15140.6亿立方米，分别占中国三大石油公司合计的70.8%和85.5%。在国际上，中石油的油气总储量仅次于埃克森美孚石油，居世界第二位。未来天然气业务是公司上游业务的亮点。近5年来，公司的原油和天然气产量年均复合增长率分别为1.92%和22.95%，由于公司的储采比较高，而且随着公司新油气田（冀东南堡油田、龙岗气田等）的发

沃伦·巴菲特（Warren Edward Buffett）

● 在你能力所及的范围内投资。关键不是范围的大小，而是正确认识自己。

● 计算内在价值没有什么公式可以利用，你必须了解这个企业。

● 对一个优秀的企业来说，时间是朋友；但是对于一个平庸的企业，时间就是敌人。

现和开发，未来 3 年公司天然气产量将保持 15% 以上的增速。随着国际天然气价格的不断上涨，中国石油将成为其中的最直接受益者。

## 工商银行

工商银行是中国最大的商业银行，总市值居于两市首位，拥有最大的资产规模、最广泛的国内分销网络、最庞大的客户基础和最先进的信息科技平台。工行不但是国内硬件实力最强的商业银行，还具有其他商业银行无法复制的规模优势和一级全面的多元化经营平台，是我国经济持续稳定增长的最大受益者。工行实力雄厚，资源丰富，流动性极为充分，核心优势为市场地位十分突出。目前，工商银行拥有逾 260 万的客户资源和 1.6 亿个人银行客户，设有 18038 家境内分支机构和 98 家境外分支机构，拥有完善的产品和服务体系，市场份额远超其他商业银行。工商银行的比价优势极为明显，有望再度成为金融股爆发的领头羊。

工行目前已经完成银行业首次跨国并购，与高盛集团、安联集团以及美国运通等建立了战略股份合作关系，高盛集团、安联集团、运通集团巨资认购公司股权，成为第四、第五、第六大股东。与高盛集团合作，有助于工行加强银行公司治理，特别是加强银行在风险管理与内部控制以及提高银行在资金交易、资产管理、公司银行业务及投资银行业务和不良贷款处置方面的能力。与安联集团合作，开发并向银行客户提供多种银行保险产品与服务。与美国运通合作，进一步提升银行卡业务，与国际金融巨头合作，将进一步增强公司国际竞争力。

此外，公司目前拥有98家境外分行、控股机构、代表处和网点，中国在香港和澳门、新加坡、东京、首尔、釜山、法兰克福及卢森堡设有分行，并在纽约、莫斯科及悉尼设有代表处。

更值得关注的是，公司近期成功收购印尼Halim银行90%的股权，此次收购完成了我国银行业的首次跨国并购，这一并购表明公司国际化战略将进入全面提速时期，未来将分享全球经济的快速发展。

## 招商银行

公司是国内最具竞争优势的股份制商业银行，目前已跻身世界银行150强，被英国《银行家》杂志评为中国最有竞争力的银行。凭借不断创新金融产品、不断提升服务水平，其品牌价值不断扩大，在消费者心中的认可程度逐年提高。招商银行是中国最佳零售银行，目前公司零售银行业务全面进入收获期。在金融脱媒以及居民消费理财意识转变的背景下，中国零售银行业务将进入高速增长期。突出的零售业务也使招行具有较强的抗经济波动的能力。公司业务转型成效明显。受益于零售业务的高增长和资本市场火爆的影响，今年前三季度招行的非利息收入增长达到154%，中间业务收入增长了187%，中间业务收入占比营业收入为15.57%，是上市银行中占比最高的。目前公司已收购了招商基金，亦打算设立或收购信托公司，随着公司综合经营平台的加紧布局，公司未来的非利息收入有

着非常广阔的发展空间。我们认为，招商银行作为一家在业务布局上有着天然优势、成长性良好、业绩增长明确的公司，在未来相当长一段时期内都拥有较高的投资价值。

## 万科 A

2006 年平均每个老客户向 6.41 人推荐了万科楼盘，实际成交率为 23.7%；公司连续三年被国务院发展研究中心企业所评为中国房地产百强开发企业第一名。

在国际权威杂志《投资者关系》主办的 "2006 年中国投资者关系" 评选中，万科获得最佳投资者关系奖（大型非国有企业）、最佳年报及公司著作奖、最佳投资会议奖；入选 2007 年中国房地产百强企业综合实力 TOP10、规模性 TOP10。众多的荣誉造就了中国的地产巨头——万科。可以非常形象地讲，买万科，就等于投资了中国的房地产！

万科在未来十年，将把业务聚焦在城市经济圈，特别是长三角、珠三角、环渤海三大城市圈（国土面积只占全国 4.1%，但 GDP 却占到 40%，居民储蓄余额占全国的四分之一，人均消费支出是全国平均的两倍）。万科 2006 年 8 月进入长三角区域宁波市场和环渤海区域青岛市场，布局更趋完善。

万科在拿地方面，速度不减以前。自 2007 年中报（8 月 28 日）以来，在两个月的时间内，万科共新获开发项目 5 个，项目规划建筑面积 100.7 万平方米，权益建筑面积 69.6 万平方米。目前项目储备满足未来两年的新开工需要。公司计划 2007 年增加 1000 万平方米左右的项目资源。同时，公司加大力度通过兼并收购整合社会资源，扩大合作对象和合作方式，具有在短期内进一步扩充项目资源的能力，公司管理层将选择合理的时机、更有利的方式体现这一能力。公司近期成功增发后筹集到资金 100 亿元，用于 11 个项目的开发建设。资源整合力度的加强，进一步巩固了其地产龙头地位。

在未来 8 ~ 15 年将是中国房地产的黄金时代，在此期间将不断造就中国地产的"神话"，同时在宏观调控下，房地产行业加速整合，龙头公司、优势公司强者恒强，将因此获得更大的市场份额，获得更多的超额回报。

## 中国平安

公司是以保险业务为核心，以统一的品牌向个人客户和企业客户提供包括保险、银行、证券、信托等多元化金融服务的全国领先的综合性金融服务集团，保险、银行、资产管理三大业务利润全面增长。公司经营区域覆盖全国，业务主要集中在中国经济比较发达、相对富裕的沿海地区，拥有优质的客户群和强大的销售网络。经过在国内保险市场近二十年的运作和品牌建设，中国平安已经成为中国保险行业最知名的品牌之一。

前景广阔、市场巨大，保险行业发展前景持续向好。有关资料显示，近年来国内保险业保持了强劲的增长势头。保险业务年均增速保持在 16% 左右，2006 年全国保费收入达到 5641 亿元，是 2002

沃伦·巴菲特 (Warren Edward Buffett)

● 在你能力所及的范围内投资。关键不是范围的大小，而是正确认识自己。

● 计算内在价值没有什么公式可以利用，你必须了解这个企业。

● 对一个优秀的企业来说，时间是朋友，但是对于一个平庸的企业，时间就是敌人。

年的 1.8 倍，显示了中国保险市场仍有较大的增长潜力。近两年来，平安寿险和平安产险的市场份额均有所提升。

品牌价值领先。中国平安综合金融服务架构完善，管理水平和品牌价值保持领先。公司除了保险业务外，其还拥有平安资产管理、信托业务，平安银行和深圳商业银行，可见公司业务涵盖大部分金融领域，完善的金融架构为公司未来在发展金融控股集团方面奠定了良好的基础。在经验丰富的专业管理团队的带领下，公司治理结构、风险管控机制、经营管理体制等方面日趋完善。

2006 年，公司荣膺《欧洲货币》授予的"亚洲最佳管理公司"称号，名列亚洲公司第五位，居中国内地企业之首。公司借助旗下主要子公司，即平安寿险、平安产险、平安信托、平安证券、平安银行、平安养老险、平安健康保险股份有限公司（以下简称"平安健康险"）及平安资产管理有限责任公司（以下简称"平安资产管理"），平安资产管理（香港）等，通过多渠道分销网络以统一的品牌向客户提供多种金融产品和服务。

加息周期有利于保险板块。目前中国已进入新一轮加息周期。在加息预期作用下，保险股有望从中受益。以美国为例，美国寿险股表现与利率表现高度相关，寿险股的股价变动有 90% 以上可以由利率变动解释，美国的加息周期从 2004 年开始，截止到 2006 年中，此间利率从 1% 左右提高到 5%，而美国的保险股也出现了明显的走强。再来看国内，国内的保险公司在银行都有大量的存款，在加息预期提升的背景下，国内保险板块必然会继续走强。

## 中国神华

中国神华是世界领先的、立足于煤炭的综合性能源公司。以2006年的煤炭销售量和储量计，公司是中国第一、世界第二大煤炭上市公司。而且，公司还是中国拥有大规模路港一体化运输网络的煤炭公司。公司拥有世界唯一的千万吨级的矿井群以及中国最大的沿海商品煤市场份额。公司拥有的矿井煤层适中，埋藏浅，倾角小，而且瓦斯含量低，不仅适合大规模机械化开采，而且生产安全性也很高。

中国神华的核心竞争力在于其煤、电、路、港一体化。虽然很多煤炭上市公司都有运输资产，但是中国神华拥有的是西煤东运大动脉神朔—朔黄线及第二大煤炭下水港黄骅港及天津港部分煤码头，保证了中国神华的煤炭运力及高盈利的下水煤比重。公司的煤炭产量约占全国煤炭总产量的6%，利润占到规模以上煤炭企业利润的40%，从产量占比来看，公司作为全行业龙头成长性值得期待。

目前，公司正在参与蒙古煤田的开发，若能够争取到这部分资源，公司还将投资在蒙古南部和包头市之间修建一条500公里的铁路。据业内人士分析，蒙古国内缺乏煤炭市场，该煤田东距出海口近5000公里，运输成本相对较高。但煤田所在的南戈壁省紧邻我国内蒙古自治区，与中国边境的直线距离仅为100多公里，因而该煤田最适当的目标市场只能在中国。神华不仅是国内最大的煤田企业，还拥有自营的铁路、港口运输网络，目前拥有5条运营铁路，总长度达到1367公里，其发展模式正好符合开发上述煤口的需要。

沃伦·巴菲特(Warren Edward Buffett)

● 在你能力所及的范围内投资。关键不是范围的大小，而是正确认识自己。
● 计算内在价值没有什么公式可以利用，你必须了解这个企业。
● 对一个优秀的企业来说，时间是朋友，但是对于一个平庸的企业，时间就是敌人。

黄清表示，从蒙古经过边境再到中国神华位于包头的铁路线，总计直线距离大约500到600公里，神华可以通过自建铁路线，将蒙古煤炭直接运入中国境内。

位于蒙古南戈壁省的这个煤田主要煤种为炼焦煤，这是中国目前非常稀缺的煤种，黄清介绍说，中国神华的煤炭产品中目前还没有该类煤种。据介绍，我国炼焦煤资源储量较少，产地主要集中山西中南部。近年来，随着国内外钢铁生产持续旺盛，焦炭需求快速增长，拉动炼焦煤需求快速上升。但资源稀缺和运输等原因制约了炼焦煤供给的增长，近期炼焦煤价格不断创出新高，个别地区肥精煤价格甚至达到1000元／吨，此次神华看重的主要是蒙古煤田的炼焦煤资源。公司积极争取参与开发蒙古煤田，既是推行海外扩张战略的重要步骤，也是公司优化煤炭产品结构，向炼焦煤拓展的重要举措。

神华集团计划在未来两到三年内实现整体上市，中国神华对集团资产拥有优先购买权，集团旗下优质的炼焦煤资源自然更受上市公司青睐。

## 中国银行

公司业务涵盖商业银行、投资银行和保险三大领域，凭借全球化的网络及其优质的服务、雄厚的实力，在国内市场保持着独特的竞争优势，是国内最大的国际业务银行。中行在海外的分支机构数、海外资产比重以及海外资产的利润贡献等指标均列全部国内银行首位。公司拥有完善的海外分支机构网络，可与境内机构共同实现对境内客户提供基于同一平台下的境内、外金融服务。这一资源构成了公司吸引国内优质客户的重要砝码，是公司与同业相比最具特色和最明显的竞争优势。面对国内经济的持续快速发展，中行在保持国际化优势的同时，立足本土，实施重点发展战略。目前，人民币业务已经成为集团的主要业务，境内分行已经成为集团利润的主要创造者。中行已经由传统的外汇外贸专业银行转变为本币业务与外币业务全面发展、本土业务与国际业务协调推进的大型综合性商业银行。

与国内同业相比，多元化经营是中国银行最突出的特色之一：旗下拥有商业银行、投资银行、保险、直接投资、资产管理、基金管理以及租赁等多个业务板块，几乎涉足所有的金融领域。中银国际作为中行经营投资银行业务的平台，为企业IPO项目提供优质的投资银行服务，定息收益、零售经纪业务大幅增长。中银投资作为中行经营直接投资和投资管理业务的平台，积极拓展企业股权投资业务，资产管理和不良资产处置业务取得新的进展。中银保险作为中资公司监管，业务范围进一步扩大，分支机构建设稳步推进，目前已经有11家分公司正式投入运营。中银航空租赁自收购以来，运营状况良好，经营业绩持续上升。

## 中国远洋

中国远洋本次收购其母公司几乎全部的干散货资产，收购价格

为 346 亿元，通过以下融资方式：（1）46% 向大股东增发股份，股权换资产;（2）约 23% 通过向战略投资者非公开发行 A 股进行融资;（3）31% 银行借款。收购完成后，预测干散货占 2007 年净利润的 86%，集运、码头、租赁各占 5.5%、3.4% 和 2%。中远集团共控制 3203 万载重吨的运力，占全球总运力的 8.4%，排名第一，为第二名的 2.6 倍。其中，租入运力占总运力的 59%，经营模式上长期包运合同、期租和即期市场各占 1/3。目前，中国远洋拥有 46 艘干散货船舶的订单，其中还包括超大型干散货船（载重吨为 20 万吨以上）10 艘、好望角型船 9 艘、巴拿马型船 9 艘以及大灵便型船 18 艘。

根据预测，中国远洋自有运力在 2008 年到 2010 年增长速度分别为 11.7%、17.9% 和 10.8%，且 2007 到 2009 年由于整个干散货市场的需求增速约为每年 5% ~ 5.5%，运价在 2007 到 2009 年将维持高位，预计干散货 2007 年收入将增长 62.5%。下半年运价攀升将为股价形成支撑,预计 2007 到 2009 年每股收益 1.50 元、1.68 元、2.03 元。

中国远洋收购集团干散货资产对于公司有两方面的影响，一方面可以通过不同业务组合降低公司业绩的周期性波动，航运市场的三个主流运输市场：干散货、集装箱和油轮运输业务的周期性并不完全相同，不同业务的结合可以降低业绩的周期性波动。

另一方面，收购干散货资产能够给公司带来业绩的增厚。我们判断全球干散货市场的景气周期将延续到 2009 年，预计 2007 年干散货运价指数同比增长 50% 以上，中远集团的干散货业务业绩将创造新的历史。

未来集团有可能继续向公司注入油运、造船修船等业务，公司将实现打造完整航运价值链的战略目标。

## 兴业银行

根据英国《银行家》杂志于 2006 年 6 月首次发布的中国银行百强榜，兴业银行平均资本利润率列各家全国性银行首位，一级资本和资产总额均跻身全国十强。在香港《亚洲周刊》公布的 2006 年亚洲银行 300 强中，兴业银行再次名列前茅，成为"中国在亚洲排名上升最快的银行"。2006 年，兴业银行荣获由中华全国工商业联合会、凤凰卫视中文台等联合评选的"2006 中国最具影响力企业奖"。 这些美丽光环的基础是一个高成长银行的精彩成长故事！

兴业银行是成长性最好的银行股，发行时受热烈追捧，冻结的申购资金高达 1.1 万亿元，创历史纪录。公司构建了较为完善的公司金融产品体系，从全国第一例商业银行并购案例、第一例发行混合次级债券到不断推陈出新的公司产品体系，诸多案例都显现出公司拥有积极进取和不断创新的活力。

兴业银行可以说是成长性最高的银行股之一，该股 2006 年 EPS 为 0.95 元，业绩增长 54.09%；而不良贷款率从 2005 年的 2.01% 下降为 2006 年的 1.53%，覆盖率从 100.28% 提高为 126.03%。由于公司存贷差最高且具有较强的投资能力，在已公布年报的上市银行中，兴业银行的资产盈利能力的表现较为突出，资产收益率在中小型银行中最高，中间业务收入增长为 82.3%，在中小型银行中仅次于民生银行。国金证券预测，公司 07～08 年的 EPS 分别为 1.237 元和 1.750

沃伦·巴菲特（Warren Edward Buffett）

● 在你能力所及的范围内投资。关键不是范围的大小，而是正确认识自己。

● 计算内在价值没有什么公式可以利用，你必须了解这个企业。

● 对一个优秀的企业来说，时间是朋友，但是对于一个平庸的企业，时间就是敌人。

元（2008 年含税改因素），业绩增长分别为 59.3% 和 41.6%，覆盖率分别为 129.5% 和 135.9%。对应的每股收益达到 1.2 元以上，动态市盈率则为 25。如果银行股价值中枢的提升是必然的，那么作为动态市盈率仅仅 25 倍的小盘高成长银行股的兴业银行，无疑是最具投资价值的品种。

## 中国人寿

公司是中国最大的人寿保险公司，拥有由保险营销员，团险销售人员以及专业和兼业代理机构组成的中国最广泛的分销网络。公司是中国最大的机构投资者之一，并通过控股的中国人寿资产管理有限公司成为中国最大的保险资产管理者。2006 年底公司投资规模达到 6868 亿元，比 2005 年增长 38.9%。公司目前手上拥有大量优质公司的股权，包括中信证券股权投资，入股广发行，参与发起成立渤海产业基金，收购南方电网股份，战略入股中交股份等。其中仅 9.29 元持有的 3.5 亿股中信证券现价已经到了 82 元多，每股浮盈 73 元，仅持有该只股浮盈就达 220 亿元以上，国人寿投资 3.92 亿元投资 7000 万股兴业银行，根据兴业银行最新收盘 46.8 元计算，中国人寿此笔投资也获利超过 28 亿元。技术上看，周线刚刚完成突破大双底的右肩，向上的空间完全打开。

中国保险行业自身增长空间巨大并且发展速度较快。根据瑞士再保险公司的 Sigma 报告，2005 年全球保费收入达到 34260 亿美元，其中人寿保险为 19740 亿美元，非寿险（包括财产保险，意外伤害保险和健康保险）为 14520 亿美元。就总保费而言，中国保险市场是亚洲第三大保险市场，是世界第十一大保险市场，同时也是全球增长速度最快的保险市场之一。中国人寿作为中国市场金融保险板块的第一只保险股，是中国最大的人寿保险公司，拥有无可匹敌的竞争优势。在未来 10 年中国经济快速增长的情况下中国保险业将在人口红利等因素影响下，使其新业务可以持续增长。

　　中国人寿是中国最大的资产管理公司，而保险公司因为自身投资需要，因此所持股权多数为金融类股权，其本身又为储蓄类金融机构，因此受本币升值影响非常大。中国人寿的长期股权投资均为金融类资产。中信证券的股权是中国人寿目前收益最大的投资项目，并且尚未兑现，其仅 9.29 元持有的 3.5 亿股中信证券现价已经到了 82 元多，每股浮盈 73 元，仅持有该只股浮盈就达 220 亿元以上。而随着资本市场继续走牛，这部分股权还有很大的上升空间。2006 年下半年，中国人寿投资 3.92 亿元投资 7000 万股兴业银行，根据兴业银行最新收盘 46.8 元计算，中国人寿此笔投资也获利超过 28 亿元。执行新的会计准则后，中国人寿的这些股权若计入可供出售的金融资产一项，则可大大提升每股的内含价值，约折合每股提升 1 元。在目前股指新高不断的牛市行情里，特别是最近行情里，大涨的个股如工行等银行股、中国联通、宝钢、长江电力等蓝筹股的流通股东名单上，无不闪现中国人寿投资的身影。因此作为股市走牛的大受益者，其价值需要进一步提升重估。

沃伦·巴菲特（Warren Edward Buffett）
● 在你能力所及的范围内投资。关键不是范围的大小，而是正确认识自己。
● 计算内在价值没有什么公式可以利用，你必须了解这个企业。
● 对一个优秀的企业来说，时间是朋友，时间就是敌人。但是对于一个平庸的企业，时间就是敌人。

# 《全球商业》票选契合了我心目中的价值蓝筹

《全球商业》为迎接2008年的到来，再度号召内地、香港十大券商票选出2008年最看好的20只大牛股。票选结果，20只牛股中竟然有11只是银行股，其中，蓝筹股领航，银行、旅游和自然资源股齐翱翔。评选出的2008年20只大牛股是：

1. 工商银行（601398）

2. 招商银行（600036）

3. 万科A（000002）

4. 中国平安（601318）

5. 中国银行（601988）

6. 五粮液（000858）

7. 深发展A（000001）

8. 中信证券（600030）

9. 中国远洋（601919）

10. 振华港机（600320）

11. 建设银行（601939）

12. 民生银行（600016）

13. 兖州煤业（600188）

14. 黄山旅游（600054）

15. 中国人寿（601628）

16. 兴业银行（601166）

17. 丽江旅游（002033）

18. 中信银行（601998）

19. 交通银行（601328）

20. 白云机场（600004）

集万千宠爱于一身的银行股，可以说是天时、地利、人和。人民币升值、利率调高创造利差扩大的环境、遍布全国的分支机构、房地产贷款业务节节上升、全民财富增长后金融理财市场的扩大……种种有利的条件都涌向银行股，创造了银行板块的黄金年代。工商银行在20只大牛股中拔得头筹。

从这次票选牛股的过程中分析，扣除入选最多的银行保险股外，得票数高的几乎都是各产业的龙头，例如地产的万科A、酒类的五粮液、最抢眼的证券股中信证券、全球第一干散货船队的中国远洋、全球集装箱订单排名第一的振华港机，以及黄山旅游、丽江旅游。

这样的票选结果，除了反映在上证指数登上6000点之后，市场对于后市的看法仍保持谨慎乐观心态，在选股上则更倾向于价值选股。如下三类特征进入选股人的视野：第一，资本市场火爆背后的最大受益者是谁？第二，新的会计准则中公允价值的计量使谁受益？第三，谁是中国经济转型过程中制度性溢价的获得者？

以银行业来说，上市公司在牛市中获得生机的同时也必然会加大对银行的还贷力度；直接享受政府做强金融业的制度溢价；房地产贷款业务这三年翻了几番；信用卡发卡数一年翻一倍；申购基金热潮、海外基金申购，这都是在五年前不曾出现的新增业务。同时，五粮液虽然不像可口可乐全球风行，但却是白酒市场屹立不动

沃伦·巴菲特（Warren Edward Buffett）

● 在你能力所及的范围内投资。关键不是范围的大小，而是正确认识自己。

● 计算内在价值没有什么公式可以利用，你必须了解这个企业。

● 对一个优秀的企业来说，时间是朋友，但是对于一个平庸的企业，时间就是敌人。

的龙头品牌；其他像万科、中信证券、黄山旅游、丽江旅游，都直接反映了国人消费力提高之后，在改善生活、理财投资上的新需求。

以黄山旅游来说，它是国内唯一同时拥有世界文化与自然遗产和世界地质公园三项桂冠的景区，而这项资源又无法复制。五粮液则是在中高档酒市场供不应求，也具有明显垄断的地位。而类似的垄断资源，同样也发生在银行股身上，以得票第一名的工商银行来说，同时拥有最大的资产规模、最广泛的国内分销网络、最庞大的客户基础和最先进的信息科技平台，是国内经济稳定增长的最大受益者。

从专家价值选股我们不难发现他们的逻辑思考：生活形态改变、消费能力改变、理财方式改变中的最大受益者，就是理想的投资标的，如果再加上资源上的垄断性，就更有加分效果。

当然上述票选出的20只大牛股，并不表明除了这20只大牛股外，市场上就没有其他优质股票、优质市场值得投资者选择了。最后，在我看来，只要中国崛起这个最大的趋势不变，上述票选出来的20支价值大蓝筹，不仅是2008年人们心目的大蓝筹，而且在未来长牛市过程中它们将因为自身的价值溢价而被市场不断热捧。

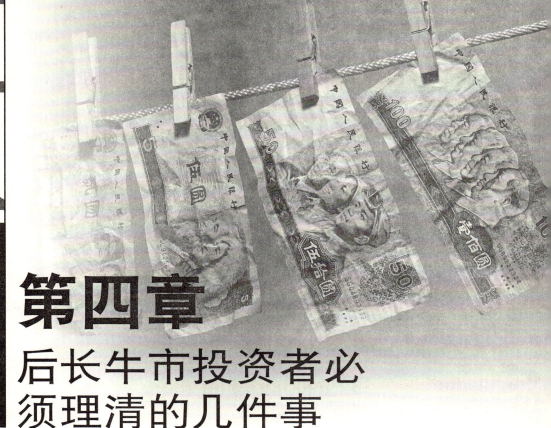

# 第四章
## 后长牛市投资者必须理清的几件事

◆ 将思维矫正到"长牛市"的轨道上来

◆ 风险，你预期了吗？

◆ 时间成本：被投资者严重忽略的因素

◆ 良好的心态是价值投资的核心

◆ 快乐幸福地投资股市，让心灵放轻松

自2005年年底发端的本轮长牛市行情出现了越来越大的巨型震荡，它们分别是"1·31"、"2·27"、"4·19"、"10·25"、"11·8"，以及"11·22"等，越是到后来，市场震荡的几率就越频繁。对市场估值的意见纷呈、莫衷一是，是导致这些大震荡的"元凶"。我们非常相信，今后多空分歧将始终伴随大盘战战兢兢地前行，大成交、大震荡将是一种常态。大盘越是碎步盘升向上，市场投资者的心态矛盾就越大。迷茫的不仅仅是散户，从基金年报、季报，以及券商研究报告等中我们不难发现，机构对不断上行的大势也抱有警惕。于是，市场变成了：一方面，股价不断上行突破历史高位，一有风吹草动，抛盘就如潮水般涌出；另一方面，长牛市的车轮仍然滚滚向前，虽然震荡在加剧，但看不到牛步停歇的迹象。但本书的作者想要告诉投资者的是，与其被大盘走势长期折磨得成天局促不安，毋宁"长痛不如短痛"，作一次"遵义会议"式的总结和沉淀，而沉淀则是为了更大踏步地走向万里长征。为此，作者建议，投资者必须要做如下几件事情。

# 将思维矫正到"长牛市"的轨道上来

——将思维不失时机地矫正到"中国超级长牛市"的正确轨道上来。中国证券市场经过2006年历史性转折之后，其长期繁荣才刚刚开始。长牛市反映的是当下中国经济的四大现象：一是人民币升值是对中国股市的最直接和最重要的传导效应，即以人民币计价资产的全面重估和整体升值。二是全球性资本充裕而引起的严重泛滥，人民币升值更导引了全球资本泛滥向中国的涌流。三是股权分置改革给中国股市带来的巨大制度变迁效应必然在市场运行中反映。四是中国经济还将长期高速成长，以及由此引发的对行业和上市企业绩效的大幅增长的预期。上述四个方面因素的交织作用与叠加效应，不仅是中国股市由熊转牛的主要原因，也将是中国股市走向超级长牛市的现实和潜在源泉。

——坚决摒弃因为惧怕输钱而轻率做出放弃中国长牛市的投资或提早退出投资的错误决策。因为以什么样的视野和高度去看待中国这轮你一生中只有这么一次的长牛市格局，将决定你今后财富的多少和生活的幸福与否。在长牛市道和巨大财富效应面前，任何裹足不前和优柔寡断，只会使你坐失一生中最好的历史性投资机遇！针对长牛市场暴利机会显著增加的特点，操作策略上要学会"贪"，要敢于追逐五成甚至翻倍的机会，也就是说要从熊市的只追求一二成利润的目标，大幅提高到大牛市的五成甚至一倍的盈利目标。但可惜的是太多的散户投资者即便买到好股票，最多也只是赚两三成，甚至赚一成就跑掉了，入"宝山"仅捡"芝麻"而回。

彼德·林奇(Peter Lynch)

● 拥有股票就像养孩子一样，不要养得太多而管不过来。

● 当你读不懂某一公司的财务情况时，不要投资。

● 当你拥有优质公司的股份时，时间站在你的一边。

究其原因，关键还是熊市思路作祟：其一，怕亏的思想仍然很严重，以至于有一点利润就十分满足了，思想上也特别患得患失，特别怕纸上利润化为乌有，一有风吹草动就马上抛出，结果往往错失良机。其二就是"想不到"它会涨得这么厉害。思想上想不到，当然也就不可能在行动上把机会握到手了。基于目前具有的明显长牛市特征，建议投资者在操作策略上面作重大的改变：以捕捉和长牛市相对应的长期主流热点作为投资的主要目标。切忌一天到晚想着逃顶，对后市的巨大升幅要有想象力。熊市最大的特征就是上升的时间很短，很快就重归慢慢熊途。正因为如此，熊市过来的人时刻想着逃顶，一有风吹草动就立即忙于逃顶。其实，在长牛市中上升的持续性远远超过熊市，投资者在操作策略上要做出重大改变，那就是：放弃一天到晚疑神疑鬼、怀疑顶部到来的熊市思维，放弃熊市中老是"逃顶"的操作方法，对大牛市的巨大上升空间有充分想象力，敢于持股。只有这样，才有可能赚到大牛市带来的丰厚利润。

——真正认清这轮超级长牛市因何而起，其主轴又是什么。本书作者建议投资者长期关注在长牛市道里人民币升值这根主线条。这正是本轮长牛市最大、也是最根本的动因。2007年4月10日，美国投资大师罗杰斯甚至语出惊人地预测，在未来20年，人民币对美元的升值可能高达500%。相比2005年7月1日中国开始汇率机制改革以前的水平，目前人民币对美元汇价累计升幅只有17%左右，和罗杰斯猜想的500%的升值率相比，17%微乎其微。人民币升值将全面提升以人民币计价的资产价值，比如拥有人民币资产的房地产、拥有矿山资源的煤炭、金融业和拥有地产资源的商业企业；外汇负债率比较高的企业，如航空、贸易等；原材料或零部件进口占比较高的行业，如造纸、钢铁、轿车、石化、航空等。

在人民币升值的大背景下，我们特别看好银行股。事实上，本轮牛市的实质是中国金融业的崛起。在中国这轮大牛市中，银行股可谓居功至伟，数次历史性的关口突破均源自两家权重银行股的"揭竿而起"。5年前，政府把银行的融资上市作为中国金融体制改革的突破口，而银行股的总市值占比从2005年底不到7%上升到目前的50%以上。而成功进行的股权分置改革，又为中国银行、工商银行在A股市场先后顺利上市起到了保驾护航的作用。由此可见，发轫于股改的这一轮大牛市，其本质是中国金融业的崛起。如果银行业每年增长50%，现在50倍的PE三年后就变成15倍了，更何况我们还处在一个大国崛起的时代。什么叫大国崛起？从全球来说，当一个国家崛起时，无论美国、日本、韩国、新加坡，都是用了20%的时间，走出了80%的上升幅度，短短一二十年就崛起了。

从国际资本市场发展经验看，一个国家经济的崛起往往与该国的本币升值密切相关，而本币升值诱发外资大量流入以后，资本市场往往会出现一轮大牛市行情，并引起银行业产生巨变。当年日元升值期间，1978年世界最大的10家银行中日本仅占1家，到1985年日本已占5家，到1989年前10大银行中已有8家是日本银行。未来，金融股在A股市场上将占据绝对重要地位，任何配置型资金必须配置该板块。

——既然长牛市，用平常心来看待长牛市途中的涨涨跌跌。中国本轮牛市经过2006年一轮恢复性行情后，现仍处在大繁荣前期，

彼德·林奇(Peter Lynch)

● 拥有股票就像养孩子一样，不要养得太多而管不过来。

● 当你读不懂某一公司的财务情况时，不要投资。

● 当你拥有优质公司的股份时，时间站在你的一边。

后市行情的发展仍将以温和震荡不断向上作为主基调。如果没有内外生灾变式的因素或力量，中国长牛格局将可望延续好几年。我们的观点是，直到2010年年底至2011年年初结束。由于市场投资机构和投资个体的心理各异，它们的合力作用有可能因巨大财富效应的不时兑现而不时造成股市的震荡，甚至大震荡。但震荡不但能使市场短期风险得以释放，更重要的是，它是保证中国股市长牛市健康有序发展的一个必要条件。类似的震荡和下跌回调将与中国这轮长牛市始终相伴左右。但不管市场短期如何调整，是小调整还是大调整，从我们为期5年的趋势预测看，有利于长牛市行情延续的因素至今没有发生改变。我们市场里的大部分投资人只关注某个波段，总是静态地看企业是不是高估了。实际上，我们应该注重于能够持续几十年基于企业长期前景、内在生命周期的那种投资。假如说在未来15年到20年间，中国的GDP能达到与美国同等水平的话，如果中国的中产阶级人数达到15亿，占总人口20%甚至更大比率的话，相当于富裕人口与现在美国的总人口数量相当，那么，由于中国是一个新兴市场，既然是新兴市场，就不能用西方发达国家成熟市场的同一把尺子来衡量中国的市场估值，而理应给予中国这个增长潜力巨大的经济体较高的溢价。

——一旦认定中国股市这一长牛市格局，坚决做一个中国价值投资的麦田守望者，虽然守望是孤独的，有时甚至十分磨人。用巴菲特的投资眼光和选股原则，精选长牛市道价值大蓝筹，然后在价格相对低估或大调整市里不失时机地买进或继续增持。从长期看，企业的股价一定会将企业的内在价值反映出来。时间是素质优秀企业的朋友，是低劣欺诈企业的敌人。作为市场投资者，他们所做的事情非常简单却又必不可少，那就是在不同行业里寻找能在未来十年、二十年，乃至更长时间里存活下来并有较高成功确定性的企业。一旦拥有这些企业的部分股权，这些投资者的财富将随着这些企业年复一年的高速成长而暴涨。因此，投资人唯一要做的就是专注于优秀上市公司标的的甄别和精选，用怀疑一切的眼光看待这些企业的报表和公告，在确信成长企业的情况真实可靠后，进一步了解其管理层对该行业的看法以及对企业的规划，了解管理层是否团结、是否正直诚实、是否是可以长期值得信赖的标的对象。在中国，真正优秀上司公司需要有以下一些要件：

（1）每年能增长15%左右。中国的GDP年增长率每年可以达到9%－10%，而国内很多行业的增长速度远远高于这一水平，例如奶制品行业每年可以增长30%，商业零售可以增长20%之多。

（2）除了历史业绩，优秀公司还应具备：良好的管理层；足够长的成长或景气周期；企业核心竞争力，包括技术、管理、品牌、营销以及成本控制等因素；所处的行业是需求稳定增长，而不是暴起暴落；有良好的业绩和分红记录；估值水平非常便宜。

（3）在中国特殊背景下，具价值投资空间的公司应该是：与中国宏观经济发展相呼应的，并受益于"十一五"规划的；受益于人民币升值，其资本、人力、产品价值都会因此得到提升的；重大题材带来的投资机会；实质性资产重组。

当归纳一切定性的资料后，投资人还需要量化指标，依靠国际通用的价值评估体系计算出企业的内在价值。他们还需要将企业的

彼德·林奇(Peter Lynch)

● 拥有股票就像养孩子一样，不要养得太多而管不过来。

● 当你读不懂某一公司的财务情况时，不要投资。

● 当你拥有优质公司的股份时，时间站在你的一边。

市场价格和内在价值加以比较，若市场价格远低于内在价值，比如只有内在价值的一半或者更低时才会考虑投资。否则投资者就绝不应该轻易仓促做出投资决定，而有足够的耐心来等待一个真正理想市场价格的出现，就像狮子潜伏在草丛中静静等待着最佳出击的时机一样。他们宁可错失，也绝不冒进。在资本市场中，"活下来"应当成为投资人永远而首要考虑的，而珍惜本金就像珍惜自己的生命一样。因此，可以说控制风险就是一切投资的灵魂。也是从风险控制这个角度，他们理应喜欢在大牛市道里的调整，如果大调整，那就更好，因为只有在低迷、阴冷的调整市里，投资人才能从容不迫地享受低价买入的快感，因为只有足够低的价格才是抵御一切风险的法宝。当然，投资人也同样为不断攀升的牛市而感到欢欣鼓舞，在沸腾、喧嚣的市场里，他们将享受在调整市道里低价买入股票的价值回归的充分乐趣，直到价格对价值完全透支为止。

一旦买入，就长久地照看好集中持有的那几只股票。只要中国经济不发生结构性恶化问题，坚决保持投资组合至少几年不变。可能的话，持股越久越好。同时做好充分的心理准备，始终不被短期股价的波动所左右。市场无数单个投资人的心理定势集合起来，将推动整个市场的买卖意志和行为，从而对有效市场的生成形成合力作用。这正是当今在中国震荡的焦躁股市中需要提倡的一种投资心理情商，这种心理情商是一种睿智，一种勇气，一种远见，是一份坚毅的持股耐心。

在长牛市里，投资人追求的是一种特殊的生活方式，在这种投资生活里，他们不预测价格，不猜测结果，不忧心忡忡于各种事件的发生，当然也包括突然而至的市场调整，甚至深度调整，因为他们坚信，一切坏的事情都将结束，明天将变得更加美好。世界历史表明，即便二次世界大战这样最重大事件，也最终没有阻遏道琼指数上扬的步伐。更重要的是，投资人坚信自己遵循的是价值投资理念。正是对价值投资那份始终不渝的执著坚持，多少年后，当投资人回头再看这段历史，他们一定会发现，正是当年自己坚信中国正处在一轮超级长牛市起点的心理情商，促成了他们一生中最辉煌的投资机遇，如今，他们已站在山峦之巅，一览众山小了。

## 风险，你预期了吗？

有人称，中国股市正在重演美国上世纪90年代"黄金十年"的历史。但由于市场是无效率的，投资者即便在一派歌舞升平的长牛市道，也永远要牢牢紧绷一根投资忧患意识的弦，除了遵循价值投资法则外，投资者也应同时坚守风险投资原则：

法则一：对股市的回报和风险要有理性预期。尽管目前国内股市"涨"声不断，但股市里心态浮躁，梦想通过股票市场每隔一两年将自己的财富翻番的投资者大有人在。这种希望通过财富大幅提升来迅速改变人生的想法浪漫，但绝不现实。

我们无意贬低中国股市的巨大发展潜力和美好远景，也无意打击中国股市投资者的积极性，笔者甚至同意，随着股改的逐步完成和上市公司治理结构质量的不断上升，中国股票投资者们分享经济高速增长的比例将越来越大，中国股市也正在发生质的变化。但

彼德·林奇(Peter Lynch)

● 拥有股票就像养孩子一样，不要养得太多而管不过来。

● 当你读不懂某一公司的财务情况时，不要投资。

● 当你拥有优质公司的股份时，时间站在你的一边。

是，中国股市尚处在初生阶段，无论是理论界还是实践界，还都不能够对中国股票这一资本资产的预期回报值提供明确而又令人信服的答案。即便中国股票的预期回报值能提供明确而又令人信服的答案，但预期风险可能使这种预期回报又有可能化为无形。

预期风险可能来自内生性的，也可能是来自外生性的。我在我的《大财五年：抓住你一生中最好的投资机会》的书里就分析到：未来的中国股票市场的长牛市是基于如下假设：（1）没有战争或重大自然灾害；（2）没有全球性经济或金融危机；（3）中国股市的上涨是建立在证券制度建设有序推进的基础之上，投资人也是理性的。但未来中国股市是否能满足这些假设呢？短期看，似乎能满足，但从一个中长期角度，是否也意味着能满足呢？答案是：不必然；既有可能满足，也有可能满足无法得到实现。

当前世界经济局势与1997年东南亚金融危机爆发前有惊人的相似之处，不同之处只是当前的国际资产泡沫形成的范围更广。经济学家谢国忠强调，目前，全球大多数资产市场表现都不好，美国房地产已经进入熊市；债券市场也没有表现出明显趋势；主要货币汇率都只在一定范围内波动；大多数国家的股市涨幅惊人。正如股市行情总是结束于市场最乐观的时刻一样，资产泡沫化为乌有总让人防不胜防。上世纪90年代时的日本经济危机爆发于美国书店到处可以看到赞扬日本经济模式书籍的时候，1997年的亚洲金融危机则出现在世界银行发表了《东亚奇迹报告》的第二年。有专家认为，在当前的局势下，任何一个不大的冲击都可能变成引发新一轮国际危机的导火线，而一旦危机来临，亚洲将是重灾区，中国则是重灾区的中心。

世界经济的最大风险可能来自于美国经济。多数研究学者认为，作为世界经济动力之一的美国，其经济虽不会走向衰退，但美国经济增速趋缓、能源价格不稳和通胀阴霾，将成为今后几年全球经济图景上的主要阴影。野村国际证券公司首席经济学家戴维·瑞斯勒表示："未来几年世界经济的最大风险是美国经济增长转入持续衰退，即美国经济增长速度低于潜在增长速度1个百分点以上。当前美国经济负增长的可能性很小，但存在美国经济增长衰退的可能。"欧洲央行（ECB）管理委员会委员暨芬兰央行总裁利卡宁表示，美国经济增长步伐放缓将冲击全球经济。摩根士丹利首席经济学家史蒂芬·罗奇认为，美国经济有可能放缓，而非"衰退"，增长率大约在1%到1.5%。

美国经济可能放缓的主要原因来自于其房地产市场正在急速降温。美国房地产市场此轮快速增长缘于美联储2001年开始降低利率。据了解，美联储在不到两年时间里一共13次降息，将基准利率从6.5%减至1%。低利率刺激了美国房地产市场的快速发展，也刺激房价连创历史新高。据联合国最新公布的统计数字，扣除通货膨胀因素，美国过去5年房价涨幅达到了80%，远高于历史上的其他时期。为了控制房地产过热，美联储又连续16次加息。2006年，美国房地产泡沫开始破裂：新建房屋减少，房价回落。受房地产降温、持续提息效应以及高油价"三大因素"影响，2007年美国经济增速从2006年的5.6%降至2.5%。

随着美联储连续17次加息，导致贷款买房者按揭猛增，本来支

彼得·林奇(Peter Lynch)

● 拥有股票就像养孩子一样，不要养得太多而管不过来。

● 当你读不懂某一公司的财务情况时，不要投资。

● 当你拥有优质公司的股份时，时间站在你的一边。

付能力就不足的次级抵押贷款客户中，出现了大量付不起按揭的现象。2007年的所谓次级抵押贷款危机就是在这一大背景的发生的。次级抵押贷款，是相对于优质抵押贷款而言的。美国房地产贷款系统里面分为三类：优质贷款市场、次优级的贷款市场、次级贷款市场。目前出问题的就是美国的第三类市场。一类贷款市场主要面向信用额度等级较高、收入稳定可靠的优质客户，而三类贷款市场是面向收入证明缺失、负债较重的客户，因信用要求不高，其贷款利率通常比一般抵押贷款高出2%至3%，在美国次级贷款市场所占份额并不大。按照官方说法，次级房贷只占美国整体房贷市场约为7%到8%，但其利润是最大的，而风险也最大。据介绍，许多借贷者不需要任何抵押和收入证明就能贷到款。

　　2007年7月20日，美国股市再次暴跌，这已是次级抵押贷款危机给美国带来的第四次打击。早在2007年3月，"美国第二大次级抵押贷款商濒临破产"的消息就制造了一个"黑色星期二"，纽约股市3月13日大幅下跌1.97%，其他国家或地区的股市受牵连也遭重创，日经225指数下挫2.92%，香港恒生指数下跌2.6%。四个月后又有噩耗传来，美国第十大抵押贷款公司即将遭到破产清算，对次级贷款危机以及房地产市场的担忧席卷华尔街，美国股指也遭到第二次打击，7月26日收盘暴跌，道琼斯指数跌幅为2.26%。欧洲股市主要股指也大幅下跌，次日亚太地区主要股市普遍大幅下跌，东京股市跌幅达2.36%，香港恒生指数下跌641.28点，跌幅为2.8%。余波未平，7月31日第三次打击接踵而来，而此次打击也让正跃跃欲试挑战新高的中国股市挨了当头一棒。当日美股顺势再次大跌，其中道琼斯指数下跌1.10%，此时纽约股市在8个交易日内跌幅近10%，为几年美国股牛市所罕见。全球主要股市也再次因美股下跌而倒霉，8月1日，港股跌幅一度近千点，收盘时跌去700多点 跌幅达3.15%。台湾加权指数收市重挫4.26%，日经指数跌2.19%。当日，上证指数早盘还一片红火，但在周边市场不断跳水的压力下，最终收盘暴跌170点，全球金融市场一片恐慌。就是这次美国次级抵押贷款市场风险引发的危机，导致全球股市市值蒸发2.1万亿美元。

投资大师罗杰斯评论这次危机时指出："这是世界历史上绝无仅有的表现，人们能够无本买房，这是我看到的住房市场最大的泡沫，而且情况还会恶化。"（注："美国次级房贷危机是史上'最大的泡沫之一'"，新华社，2007年8月3日。）有分析认为，美国次级抵押贷款危机可能继续恶化。资料显示，目前美国已有30多家次级抵押贷款公司停业，持续下去还可能导致100家次级抵押贷款公司关闭。今后两年美国抵押贷款坏账总额将达到2250亿美元，如果房价继续下跌，这一数字将增加到3000亿美元。

鉴此，我们认为，全球股市进入到2008以后仍有相当的上涨空间，但其潜在风险日益突出，而这种风险会被全球流动性过剩主导的股市上升现象所掩盖。由于流动性主导作用更大，股市波动也更大，世界股市在大波动中走向新高的同时，也把更多的风险带入2008年以后的几年。未来国际金融价格指数如出现跳跃性发展态势，将进一步堆积国际金融危机爆发的风险。因此，2008年之后国际金融问题的不确定性决不可掉以轻心。

从中国内生性经济或股市危机看，包括：

彼德·林奇(Peter Lynch)

● 拥有股票就像养孩子一样，不要养得太多而管不过来。

● 当你读不懂某一公司的财务情况时，不要投资。

● 当你拥有优质公司的股份时，时间站在你的一边。

——宏观调控因素。中国经济加速、信贷暴增、房地产和股市暴涨，都已是不争的事实，政府不可能不出台更严厉的措施。当市场、经济对加息基点不屑一顾时，更强硬、更有震撼性的措施出台只是一个时间的问题。但在股市里股民却对此毫无警惕。

——期指期货消息。推出期指期货、完善改进金融市场，在政府已得到共识，业界人士对此也摩拳擦掌。但是，此项产品的推出时机却并不明朗。在大市身处高位的今天，笔者认为无论期指是否推出，消息传出都会造成市场大幅波动。

——股市周期规律使然。没有只跌不涨的股市，也没有只涨不跌的股市。中国长牛市终有"盛宴结束的一天"。诚如我在《大财五年：抓住你一生中最好的投资机会》一书中反复强调的那样：

"2008年奥运会以后，中国长牛市的后续走势将变得越来越复杂而不确定。尽管中国经济强劲增长的势头仍将热力不减，股市的强势也可望持续到2010年，但是由于中国股市长期熊市格局的阴影，以及经过连续几年股指的大幅上涨，股市早已处于'高处不胜寒'的紧绷心理模式定势下，市场投资者会时不时回忆起发生在2001年到2005年年底的那次漫漫熊市，他们更对1997年在亚洲发生的金融危机所带来的灾难性后果噤若寒蝉。越到后来，投资人就越变得谨小慎微。不过到那时，他们还不会卖光自己手上的股票，因为股市仍保持着气势如虹的牛市氛围和牛市格局，指数还在不断被推高和刷新。但他们的投资策略开始趋于保守起来，而且变得越来越保守。我们有理由相信，整个中国股市的见顶可能要在2010年底到2011年早期出现。我对中国股市超级大牛市结束的预测时间是

2011年的春节前后。

世界上没有只跌不涨的股市，当然也没有只涨不跌的股市。股市中既然有先知先觉的投资人或机构洞察先机，在股市尚未启动的时候就抄了大底买入股票，当然也有先知先觉的人在股市尚未出现大幅下跌前就先期成功地将资金撤出，逃离这个已经危机四伏的股市。在这方面，国际游资可谓十分精于此道。由于国际游资在中国内地的投资（无论是投资房产，还是股票），花的都不是自己的钱，而是集合境外委托人的资金，他们代为投资并收取管理费，因此强烈的资产增值和变现冲动欲始终使他们处在一种"防患于未然"的意识之中。

笔者认为，自2005年年底以来中国股市大行情，就像一道盛宴，在觥筹交错的饕餮后，盛宴总有结束的一天。紧随着2010年上海世博会的曲终人散，业已持续多年的中国房地产价格的暴涨、包括石油在内的大宗商品价格的暴涨、黄金价格的暴涨、股价的暴涨，以及人民币的大幅升值，都将可能引发国内外巨额游资因丰厚的利润兑现而大规模撤退。届时，中国房地产和股市这两个世界经济发展史中最大的泡沫最终将像一层窗户纸那样一捅就破。

2011年后的很多年，中国股市将一路跌跌不休，开始时是大幅震荡，不断有股指回升的假象。接着股市便开始加速狂跌，那些早已赚得盆满钵满的投资者和机构不问价格地巨量抛售股票，引发市场恐慌。越到后来就只是无量下跌，中国股市再次九九归原，走向漫漫熊途。而2010年后中国一些高质量的公司债券和国债价格则会上涨，这是因为经济低迷时，"弃股炒债，以质取胜"的原则将发

彼德·林奇(Peter Lynch)

● 拥有股票就像养孩子一样，不要养得太多而管不过来。

✕ 当你读不懂某一公司的财务情况时，不要投资。

● 当你拥有优质公司的股份时，时间站在你的一边。

挥作用。

和股市同步下跌的还有房地产。由于国际巨额游资釜底抽薪般的兑现撤出，中国房地产价格将出现深度下跌，尤其是那些处于繁华都市、城郊和度假胜地的房屋价格更将跌得惨不忍睹。最令人悲哀的是，当国内外大批资金撤退，在国内消费者住房抵押贷款的需求又跟不上房地产建设贷款增长的时候，中国从2011年起将出现大规模的楼盘供给大量过剩现象，住房供需的失衡将越来越严重，我们将看到通货紧缩或物价实际大幅下降对中国经济发展产生的巨大冲击波。

无论是国外，还是国内，危机可能在什么时候出现，回答都是：市场永远不可预测，投资者唯一可以做到的、也应该从现在起就赶快做的是价值投资。那些梦想通过股市每隔一两年将自己的财富翻番的投资者们，绝对有必要对自己投资股票的收益和风险预期来一次朝着理性和现实方向的修正，只有有理性预期的人，才能以平常心态坚持长期投资，从而成为股市的真正受益者。

法则二：清晰了解自己的投资目标、期限和风险承受能力。除了对股市的回报和风险要有理性预期外，投资者还需要结合自身目前的财务状况，未来的资金需求期限，以及投资回报率的可承受风险度来确定用于投资股票的资金配置比例和投资方法。例如，为子女设立的教育储蓄账户的投资期限和要求的回报是基本固定的，同时也规定了其承受本金下跌风险要求极低，因此是不能将它投资在股票市场上的。同样，用于退休目的的储蓄也必须视账户所有人的财富水平、当前收入、生活方式、退休生活规划等方面要求来决定是否要投资于股市。如果决定要投的话，其比例又是多少。

　　然而，在中国股市火爆和"涨"声一片的情势下，让一些本来对股市不感兴趣或者根本不适于投资股市的人蠢蠢欲动，而其中有不少人是下岗的人，他们用当年雇主对雇员买断工龄的补偿金来投资股市。我们需要提醒投资者的是，市场无论有多么狂热，在你们的身边又有多少人在股市里扑腾赚个盆满钵满，也不管有多少投资机构是出于"做多中国"的公心，还是为了一己赚钱赢利私心，不断高喊着"黄金十年"的口号，在这个世界上是没有只涨不跌的单边市。"出来混，总是要还的"。一旦股票市场转向下跌，就必然有人因为流动性需求等原因蒙受巨大损失。所以，准备新参与中国股市，或者正在加大参与投资力度的投资者们，一定要在这个"股市有风险"的混沌投资世界里认真而仔细地审视自己的投资目标、投资期限和投资风险承受度，以免成为股市危机到来时被花鼓击中的人。

　　法则三：坚守投资充分多样化和风险投资的原则。理论上，充分多样化要求投资者将资金按市值构成比例分散在全球所有股市上的所有股票上。这对于绝大多数的小股民来说显然是不现实的，也是不能接受的。我们建议个人投资者可以将股票投资资金分成大小两部分，较大的一部分被称作核心组合，主要投资于那些在国民经济中占有举足轻重地位的大市值蓝筹股票以抗拒下跌风险；金额较小的那一部分被称作外围组合，主要被用来投资那些可能带来意外惊喜或者超额利润的中小型公司股票以满足投资者的风险偏好。在投资方式上，核心组合主要以指数或增强型指数类的被动投资策略为主，而外围组合则主要采用主动投资策略。我们不妨将主要资金

彼德·林奇 (Peter Lynch)

●拥有股票就像养孩子一样，不要养得太多而管不过来。
●当你读不懂某一公司的财务情况时，不要投资。
●当你拥有优质公司的股份时，时间站在你的一边。

投资在那些控制着中国国民经济命脉，垄断着行业经营权或者占有大部分国家经济资源的企业上，而将少部分资金用来进行中短线交易，以满足自己展示"炒股天才"的虚荣心。

投资充分多样化原则外，风险投资原则是保障投资充分多样化的前提：（1）永远将投资安全意识放在第一位，投资盈利是其次的。没有了安全，还谈什么盈利。（2）稳健投资，就永远布局优质蓝筹股。当危机来临时，首当其冲的是那些没有任何业绩支撑的普通股和ST垃圾股。（3）坚决将自己在股市中已赢利的部分及时落袋为安，留下原来投资的本金来进行投资。（4）永远、永远都不要满仓，至少留下三分之一资金在股市调整市里逢低补仓。(5)不应讳言基金肯定比你投资更稳健、更安全，因此为了稳健起见，建议股民拿出一部分资金来投资基金，从而形成你全部资金的1/3投资市场上最好的绩优蓝筹股，1/3"雇佣"基金为你投资中国最好的股票，剩下的1/3用来预备不虞之需。和坚持持有你低价买进的股票一样，要么不做，要做就要做一个长期持有的基民。

## 时间成本：被投资者严重忽略的因素

时间成本管理在当今世界已受到了越来越多的重视。许多军事家都认为，时间因素是影响战争的重要因素。如克劳塞维茨在《战争论》中，以"时间上的兵力集中"、"军事行动中的间歇"、"战斗的持续时间"、"决定战斗胜负的时刻"、"进攻的顶点"等为题，专章详细而系统地论述了战争时间诸方面的问题。

时间成本在财富投资上同样被看成是不可或缺的重要因素。比尔·盖茨有关重视时间成本的故事曾在世界坊间被传为谈资。当他看到100美元的钞票躺在地上，却并不弯腰去捡。许多中国人也许要指责比尔这样的行为是对财富的夸矜，但在时间经营学里，比尔·盖茨的弯腰是具备"资本价值"的，因为很可能在这没有弯腰的瞬间，正是他做出一项伟大商业决定的时刻。

　　然而，时间成本这一日益受到重视的投资经营因素，在中国资本投资市场，却被大多数投资者大大忽略了。其中，长牛市道中至今还在反复做短线的大量投资者的投资行为，就是一种严重忽略时间成本，大量时间被白白浪费在无谓的短线拉锯上的力证。忽略时间成本的现象随处、随时可见。那些做短线的小股民，长时间的，整天、整个星期、整个月、整个年，甚至好多年，就一直端坐在电脑的荧光屏幕前，时刻关注着股票的分时开线图，他们的心理也随着股票涨跌而起落：上涨时开心，下跌时不开心；涨停时喜，跌停时悲；大势连番上涨时大喜，大势深幅调整下跌时大悲；如果有遇到"5·30"开始的连续三五个跌停的调整，他们是寝食难安哪！

　　这些短线投资客在意的是自己投在股市里每一个可以看得见、摸得着的铜板，却从未意识到就在他们将大段大段时间泡在股市里，他们浪费的是大量看不见、摸不着的生命时间，而生命在人的一生中只有一次。因为短线操作，他们早已视自己的事业而不顾。他们不但浪费了被许多人看成是生命的事业，也在短线投资中放弃了更多、更好、更有实质生命意义的另类人生选择，比方说，更好的投资机会，更有人生价值的工作升迁，更多的人生乐趣，如旅

彼德·林奇(Peter Lynch)

●拥有股票就像养孩子一样，不要养得太多而管不过来。

●当你读不懂某一公司的财务情况时，不要投资。

●当你拥有优质公司的股份时，时间站在你的一边。

游、听音乐会、交友等，以及由这些人生选择而可能实现的人生转投资。而现在当这些短线投资者沉迷在股市中，世间的一切都变得不再重要。

具讽刺意味的是，即便这些短线投资客花上整段时间在股市里，他们的投资回报却并不必然和他们所花的时间成正比。而当他们大把大把地从股市里赚钱的时候，他们是否应该考虑将那些大量被消逝的时间也作为成本计入进去呢？更遑论花费了大量时间不赚钱，不但不赚钱，而且还因为操作不当大量赔钱。现在，如果将时间作为一项成本计入的话，不赚钱，还要陪上大量的时间，那不等于赔惨了吗？

## 良好的心态是价值投资的核心

如果没有"5·30"，恐怕新老股民至今还会沉浸在"牛市没有回调"的神话中，如果没有蓝筹股的重新崛起，散户投资者恐怕仍然会执著地追逐各种概念股。到底是游荡于种种概念带来的暴富机会还是坚守价值投资的理念？探究巴菲特的成功精髓，不难发现：成千上万的投资者都热衷于模仿巴菲特，而殊不知巴菲特真正难被模仿的正是获取收益的那份心态，而不是简单的投资技巧。许多投资者能够很透彻地研究并掌握巴菲特选股策略，但能成功运用的却寥寥无几，最主要的就是模仿投资方法却不能复制投资心理和收益心态并且不能坚持，这就是普通人和投资大师的最大区别点。

## 学习巴菲特的投资心态：

——就是试着以股票资产而不是股票价格的优劣作为投资判断的基础。巴菲特成功的奥秘有两点：一是"长期持有"；二是"忽略市场"，而这正是巴菲特成功致巨富的关键要素。据说巴菲特的房内没有股票价格报价器，单就这一点来说，就值得敬佩。对于很多投资人来说不看盘已成为一种煎熬，股价的上下波动让他们整天心神不宁。究其原因，就因为他们关心的是股价，而不是巴菲特的资产的真正价值。

——就是不追逐市场的短期利益。巴菲特不会因为一个企业的股票在短期内会大涨就去跟进。所以，即使他错过了上世纪90年代末的网络热潮，但他也避免了网络泡沫破裂给无数投资者带来的巨额损失。在一个相对短的时期内，巴菲特也许并不是最出色的，但没有谁能像巴菲特一样长期比市场平均表现好。在巴菲特的盈利记录中可发现，他的资产总是呈现平稳增长而甚少出现暴涨的情况。从某一单个年度来看，很多投资者对此也许会不以为然。但没有谁可以在这么长的时期内保持这样的收益率。这是因为大部分人都为贪婪、浮躁或恐惧等人性弱点所左右，成了一个投机客或短期投资者，而并非像巴菲特一样是一个真正的长期投资者。

——就是用创业投资的眼光去选择股票，而不是用投机的眼光。创业投资的眼光减少了股市上的浮躁思维。浮躁思维具有短期性和侥幸成分，有"炒一把"的小算盘在背后作怪；而创业投资则倒逼你考虑长期投资价值。人的一生是由一串的机会成本组成的，以合理的价格买入被低估的好公司股票，然后持有，那慢就是快，

彼德·林奇(Peter Lynch)

● 拥有股票就像养孩子一样，不要养得太多而管不过来。
● 当你读不懂某一公司的财务情况时，不要投资。
● 当你拥有优质公司的股份时，时间站在你的一边。

甚至是最快的。

——就是奉行在苦难与繁荣中坚持的投资策略。4年前，当茅台30元的时候，假如涨到40元，一般人会认为它高估；今天涨到5万至8万人民币一平方米的深圳顶级高层豪宅，4年前卖的时候，七八千元的市场均价，如果它当时叫价10000一平方米，一般人也会认为它不值这个价钱。但一个标的物到底值多少钱，包括我们正在估值的东西，只有未来的岁月才能证明。究竟什么样的投资是最好的投资？回答是：坚持就是最好的投资！以房地产住宅投资为例，如果有能力，你只需要凭常识，买入一个国家中最核心城市的房子，然后挑选城市中，或靠海、靠江、靠湖、靠山、靠公园等风景极致之最贵的房子，不要担心经济危机或经济萧条期，多考虑几代人的事，坚持就是福祉。就股票投资，以专注长期股权投资方式持有伟大的企业，回馈更惊人。一个人的投资在有限的生命中，也许可以赶上风调雨顺的好时光。但如果让一笔财富永续地穿越各个时代，有些事情就无法避免，唯一的路，就是迎头而上，因为在苦难与繁荣的岁月中坚持是利益最大化的保证。这就是巴菲特"持股长抱"的价值投资的精髓。

## 快乐幸福地投资股市，让心灵放轻松

长牛市，大部分投资者衡量自己投资成功与否，往往只看具体涉及到钱的投资收益率，却从来没有把心理成本这个无形的项目也作为成本计入，即你在投资股票输赢的结果中，除了将各项和钱有关的成本计入外，是否还要将心理这个成本也一起算上呢？这些投资者在意的是自己投在股市里每一个可以看得见、摸得着的铜板，却从未意识到就在他们将大段大段时间泡在股市里，他们浪费了大量看不见、摸不着的心理成本。

"快乐"作为心理成本的一个重要指标，恐怕在现今中国股市里很少被人当作一回事。股民将投资股票当作自己生活的全部，当作生活的依靠，从此，除了全身心投入股市征战外，他们几乎和其他充满乐趣的生活内容绝缘。每天他们睡觉醒来一睁开眼睛想到的第一件事是股票，9点钟出门去证券营业交易所的一路上盘算的是股票，然后他们要花一整天时间坐在股票机上，时刻紧盯着上下波动的股票。于是，上证综指的分时走势图成了投资股民的"心电图"：大盘跳水，心惊肉跳；大盘涨升，又像吃了兴奋剂似的。晚上他们回家来，想到的还是股票这一档子事。股市的上下波动也增加了投资人的心理成本。股市是很会捉弄人的，搅得人心烦意乱，只要你心态一浮躁，立即就会犯错误，弄坏了心情又输钱。

在我周围，不少投资朋友的投资心理成本是很低的，他们找到便宜的好股票买进，然后便放心地旅游，如果再有钱，就去周游世界，做自己喜欢做的事情。他们每年都有一两个月的时间在外旅游度假，原因很简单，投资是一项智慧的行为，而不再是一种心智负担。但我周围同样也有不少投资朋友，他们为投资股票所累，就是出差到哪儿，打电话回来第一件事情要问的就是行情涨跌。

那样辛苦地赚钱，已脱离了人生真正生活含义，也和投资初衷相去太远。投资本来是为了快乐，而现在投资了一点快乐也没有

彼德·林奇（Peter Lynch）

● 拥有股票就像养孩子一样，不要养得太多而管不过来。

● 当你读不懂某一公司的财务情况时，不要投资。

● 当你拥有优质公司的股份时，时间站在你的一边。

了。不但没有快乐，而且连生命的健康也搭进去了，要知道，投资中随上证综指分时走势图上下而产生的大喜大悲心理，在严格医学意义上来说是绝对犯忌的。据说，每一次股市大震荡，都有人因为悲情而恸甚至搭上了性命。而健康投资恰恰是投资的一个重要组成部分。即使赚了很多钱，人没了，不知道钱还有何用！总之，他们为股票活着，活得太累，投资使他们失去了真正意义上的生活，失去了曾给他们带来无限成就感的工作事业，失去了休息，当然也没有了幸福。一句话，投资得太没情趣，为了股票这东西，他们成了彻头彻尾的股票奴隶。

"幸福学"理论是近年来在西方非常流行的学科，这个理论提出，我们的最终目标不是最大化财富，而是人的最大化幸福。投资是为了获得回报，通俗地讲是为了赚钱；赚了钱是为了生活得更好、更快乐。这个"生活得更好、更快乐"指的就是低心理成本；反之，就是高心理成本。要做到投资过程中的低心理成本，投资人就要学会快乐而富有的投资。能真正做到快乐而富有的投资是一个讲易做难的事，但一旦进入这种境界，你就能真正充分体验并享受到这种"快乐投资"的人生乐趣。投资人要做到快乐而富有，本作者觉得可以从以下四方面加强修炼。

——投资应举重若轻。投资首先需要保持平和的心态。投资有苦有乐，既要面对熊市期间股价低迷和调整的痛苦，同时又能在牛市的上涨行情中享受欢愉。关键是要学会控制自己的情绪，调节自己的心态，做到可持续发展。在投资过程中享受快乐，就是要改变短线冲冲杀杀的投资风格，较长时间内持有一家或少数几家有增长潜力的公司。其实站得离市场远一点，反而能看到很多有规律性的东西，离市场太近，整天讲今天涨多少点，明天跌多少点，实际上迷失了市场的大方向。我的投资实践表明，正确的长线投资回报比短线操作要来得高，真正的高盈利是孕育在时间的胚胎之中的。

——在低风险中等待机会。我是1999年开始进入A股证券市场的，投资市场也快十年了，这些年下来，投资体会还真不少。有成功的，也有失败的，一直在不断总结经验。和我一起投资的身边有些朋友有上千万资产的，现在还在继续发展壮大的，也有许多投资失败从此永远退出证券市场重返打工行列的。所以我们反思，为什么会这样？我之所以能坚持到今天，已培养出一种自己的投资风格，那就是不要冒风险。市场总会存在机会，总会有在风险较低的情况下给我们选择的余地，关键看自己能否在市场起伏中沉稳地耐心等待和搜寻机会。很多人觉得买卖股票容易得很，刚赚进了很多钱就立刻开始寻找其他可买的东西。结果可想而知，又把先前赚的钱全赔回去了，甚至还输了老本。自信心会导致骄傲，最终导致狂妄自大。要做到当市场热闹时，自己必须很清醒地认识到风险的存在；而在大家都悲观时，能果断地出击。

——该出手时就出手。当有把握的时候一定要重仓出击。人生如棋局，关键的几步必须下好。投资生涯中面临的大投资机会也就那么几次，能够抓住几次关键的机会，就是胜券在握了。我多年来的实战经验体会是：有把握的时候一定要重仓出击。市场其实时时刻刻都有机会，关键是当符合自己的投资风格和价值判断的机会来临时，要敢于重仓出击。我曾经在中国股市最低迷的时候买入当时

彼德·林奇(Peter Lynch)

● 拥有股票就像养孩子一样，不要养得太多而管不过来。
● 当你读不懂某一公司的财务情况时，不要投资。
● 当你拥有优质公司的股份时，时间站在你的一边。

一直十分看好的上海医药（600849），到股权分置制改革前，我持上海医药的均价大概是3.9～4元，共计买入8.6万股。当时买它的理由非常简单，在上海，到处可以看到上海医药的华氏大药房，以及承载这些药房的商铺，很多商铺都是在大都市最好的商业地段。我到黄山、武夷山等地去旅游，也看到了它们的身影。两年多耐得寂寞的长捂不放，终于使我价值投资上海医药修成正果。该股从2006年5月4.43元启动，经历了一波特大行情。目前上海医药的股价早已涨幅惊人，2007年6月20日甚至触摸到最高点20.3元，是我买进当年均价的5倍之多。其实，我们还没有计算它：（1）在过去两年内高送配股引发的高复利；（2）在这些年上海医药在上海黄金地段不断购置进来的大批土地。因此，按照大多数已经大幅走高的商业股来说，它的涨幅应该是最小的。我这样说，是想说：与其每天追涨杀跌，频繁操作还不如事先做好研究，看准目标公司，在低位介入，能够做到财富大幅增加的同时还不用太操心，这就是投资的乐趣。当然，每个人会有不同的投资风格，并不存在谁好谁坏的问题，适合自己的就是最好的。

——人生不要把自己撑得太满，撑太满是要破的，意思就是说，把目标定得太高，什么时候你都会觉得不知足。当你把目标降低的时候，你会很快乐，这是一种人生观，也是一种投资观。如果我们的目标就是不输，赚个几倍还不满意吗？钱是赚不完的。中国也有一句话叫"知足者常乐"，我们就算是财富知足者吧。

2007年5月11日，我在自己的搜狐博客上写下了"快乐幸福地投资股市，让心灵去旅游"的博文。第二天，我从我的居住地——

澳洲悉尼返回祖国，开始了计划中一个月时间的云南背囊旅游。在云南背囊自助游的一个多月里，我彻底实践了一次心灵放飞的轻松。这是一次心灵释放的一月，我在云南境内的旅游往返行程六七千公里，足迹几乎踏遍最主要、最美丽、最值得一看的所有旅游景点：昆明的九乡洞岩、石林，大理的洱海和苍山，西双版纳热带雨林谷，瑞丽的中缅异国风情，腾冲的地热温泉和火山，丽江古镇，滇藏高原一望无垠的大草原，神秘的香格里拉，巍峨壮美的梅里和玉龙雪山，以及摩梭人的家乡——美丽的泸沽湖，等。直到今天，我还处在旅游过后的莫名兴奋之中。

　　这些年我本人一直在做的，就是力图做一个巴菲特学派的价值投资人，我找到便宜的好股票买进，然后放心地去周游世界，做自己喜欢的事情。我每年都有一两个月的时间在外旅游度假，原因很简单，投资是一项智慧的行为，而不是一种负担。但这一点，我敢相信大多数投资者却无法做到，他们即便人在外，到哪儿打电话要问的第一件事就是股票行情怎样了。如果在路途听说股市大跌了，他恐怕一夜都无法安然入睡，心里老想着明天是否还会大跌。如果是这样的话，自己是否要提早结束这场不合时宜的旅游提前赶回去应对。那样赚钱太辛苦了！这决不应该是市场投资人的投资方式，他们需要的是"快乐投资"的境界。我比较欣慰的是，我自己已经充分体验并享受到这种"快乐投资"的人生乐趣。

　　做价值投资之余，其实是有很多时间的。因为你买一个股票，买对了之后，真的就没事好干了，你硬要干可能就输钱了。所以，你有充分的时间去思考，去做自己喜欢的事情。

彼德·林奇(Peter Lynch)

● 拥有股票就像养孩子一样，不要养得太多而管不过来。

● 当你读不懂某一公司的财务情况时，不要投资。

● 当你拥有优质公司的股份时，时间站在你的一边。

# 附 投资大师关于价值投资名言录

## 本杰明 · 格雷厄姆（Benjamin Graham）

作为证券投资的一代宗师,本杰明 · 格雷厄姆在1934年出版的《证券分析》中确立了价值投资的方法，从而成为价值投资学派的奠基人。他认为，投资者最大的敌人不是股市而是自己。如果投资者在投资时受市场情绪所左右，即使他具有高超的分析能力，也很难获得较大的投资收益。

自幼偏爱数学的格雷厄姆，在证券分析史上第一次引进了数量分析的方法。他领导的格雷厄姆—纽曼投资公司每年的投资报酬率都维持在30%以上，远远高于同期道·琼斯工业指数的上涨速度。格雷厄姆指出："由股市造成的错误迟早都会由股市自身来纠正，市场不可能对明显的错误长久视而不见。"格雷厄姆认为，短期的证券市场就像一个"投票机器"，多空双方哪一方"投票"多，就向那一方倾斜，完全受人们的情绪和各种消息的影响，很难预测；但长期来看，证券市场就像一个"称重量的机器"，真正有价值的公司自然会脱颖而出，股价将会反映公司的价值。

格雷厄姆一生教导学生无数，但仅有一个学生得过 A$^+$，那就是后来被华尔街称为"股票王者"的沃伦·巴菲特。巴菲特说："在我的血管里，80% 流着格雷厄姆的血……每位投资人至少要读这本书 20 遍以上，才能真正了解投资的真谛。"

虽然现在的投资环境与格雷厄姆的年代大不相同，但是格雷厄姆建立的智能型投资基本原则，至今仍然无懈可击。

●如果总是做显而易见或大家都在做的事，你就赚不到钱。对于理性投资，精神态度比技巧更重要。

●每个人都知道，在市场交易中大多数人最后是赔钱的。那些不肯放弃的人要么不理智，要么想用金钱来换取其中的乐趣，要么具有超常的天赋，在任何情况下他们都并非投资者。

●投资者与投机者最实际的区别在于他们对股市运动的态度上：投机者的兴趣主要在参与市场波动并从中谋取利润，投资者的兴趣主要在以适当的价格取得和持有适当的股票。

●对待价格波动的正确的精神态度是所有成功的股票投资的试金石。

●对于投机者，时机具有心理上的重要性，因为他想在短时间内获取大笔利润，在他的证券上升之前等待一年的想法是不适合他的。而等待的时间对投资者而言则无关紧要。

●价格波动对真正的投资者只有一个重要的意义，即在价格大幅下跌后提供给投资者买入的机会，当价格大幅上涨后提供给投资者出售的机会。

●对廉价证券的定义：它是一种建立在事实分析基础上，表现出持有比出售更有价值的证券。

**罗伊·纽伯格 (Roy R.Neuberger)**

●热爱一支股票是对的，但当它股价偏高时，还是让别人去热爱比较好。

●我擅长熊市思维，我与乐观者们唱反调。

●在开始做公司分析之前，先研究一下你自己。

●任何关于一种股票比其余股票更值得购买的分析者的意见，都必须从他个人的偏好和期待的局限扩展到更大范围。如果所有的投资者都同意一种特别的股票比其余的股票更好，那么这种股票会迅速提价到这样一种程度以抵消掉它先前的利益。

●股票市场上的绝大多数理论收益并不是那些处于连续繁荣的公司所创造的，而是那些经历大起大落的公司创造的，是通过在股票低价时买进、高价时卖出创造出来的。

●股市行为必然是一个令人困惑的行为，否则稍懂一点知识的人就能获利。投资者必须着眼于价格水平与潜在或核心价值的相互关系，而不是市场上正在做什么或将要做什么的变化。

●过去的数据并不能对未来发展提供保证，只是建议罢了。

●投资方式中的一个基本原则：一个正确的概括必须始终将价格考虑进去。

●在投资上处于根本地位的是分红和市场价，它们是外部股东收回投资的唯一具体的方式。诚然，收益、经济强大及资产增加这些因素对他们也很重要，但这些只有在立即或最终影响他们的分红和市场价时才显得那么重要。

●在正常条件下，为投资而购买的一般普通股，其安全边际在于大大高于现行债券利率的期望获利能力。

●获取收益所进行的操作不应基于信心而应基于算术。

●很多投资人会把注意力由可见的固定资产转移到无形资产上，例如经营能力和企业的本质，而这会暗中为投资者带来具有风险的思考模式。

●由股市造成的错误迟早都会由股市自身来纠正，市场不可能对明显的错误长久视而不见，一旦这种错误得到纠正之时，就是有眼光的投资者获利之时。

●投资者的注意力不要放在行情上，而要放在股权证明背后的企业身上。通过注意赢利情况、资产情况、未来远景等诸如此类的因素上，投资者可以对公司独立于其市场价格地形成一个概念。

●股票市场并非一个能精确衡量价值，相反它是一个不计其数的人做出决定的理性和感性的掺杂物。有很多时候这些抉择和理性价值评判相去甚远，投资的秘诀就是在价格远远低于内在价值时投资，并且相信市场趋势会回升。

●投资者要以购买整家公司的态度来研究一种股票。

●无法抑制的乐观主义能导致狂热的投机，而其中一个最主要的特征是它无法汲取历史的教训。

●做个有耐心的投资者，愿意等到企业的价格变得有吸引力时才购买股票。

### 菲利普 ·A· 费雪（Philips · A · Fisher）

菲利普 ·A· 费雪是华尔街极受尊重和推崇的投资家。他1928年毕业于斯坦福大学商学院，旋即进入旧金山国安益格鲁国民银行投资银行部充当证券分析师，开始了他的投资生涯。在美国股市大崩盘后的1931年他年仅23岁时就创立了费雪公司（Fisher&Co.），主要从事投资顾问业务，并从此走上了一条投资大师的传奇之路。

在此后几十年的投资生涯中成功地发掘出并长期持有了摩托罗

罗伊·纽伯格（Roy R.Neuberger）

●热爱一支股票是对的，但当它股价偏高时，还是让别人去热爱比较好。

●我擅长熊市思维，我与乐观者们唱反调。

●在开始做公司分析之前，先研究一下你自己。

拉、德州仪器等大型的超级成长股，不仅个人获得了巨大的财富，也为他在专业人士的圈子里面赢得了显赫的名声。费雪以核心投资组合著名，他喜欢集中持有少数他充分了解的绩优股。他认为，如果对投资标的愈了解，操作绩效就会愈好。在他的投资生涯中，最成功的、也最为后人所称道的就是 1955 年在摩托罗拉还是一家无名小公司的时候就断然大量买入其股票并长期持有，在此后的 20 多年里，摩托罗拉迅速成长为全球性的一流公司，股价也涨了 20 多倍。

作为一名一流的投资大师，费雪显得异常低调，几乎从不接受各种访问，以至于在一般投资者中并不知名。但是 1958 年他的名著《怎样选择成长股》一经出版，立时成为广大投资者必备的教科书，该书随即成为《纽约时报》有史以来登上畅销书排行榜的第一部投资著作。在该书中他提到："操盘人或是投资顾问通常不会投资一家不甚了解的企业，或者操作不完全分散风险的投资组合。""如果市场上有稳赚的股票，大家一定打破头抢着要买，但事实上稳赚的股票很难找到，所以我要不是等到这种机会来了才大买，要不然就什么都不买。"费雪的儿子肯·费雪（Ken Fisher）也是一位成功的基金经理人，他简述了他父亲的投资理念："我父亲的投资策略之所以与众不同，就是因为他深信持股种类愈少，获利反而愈多。"

被视为现代投资理论的开路先锋之一，他的两本著作《非常潜力股》及《投资股票致富之道》也一直被巴菲特所称颂。

●证券业者晓得每一家公司的价格，但对其价值却一无所知。

●研究我自己和别人的投资纪录之后，两件重要的事：投资想赚大钱，必须有耐性；预测股价会到达什么水平往往比预测多久才会到达那种水平容易。股票市场本质上具有欺骗投资人的特性，跟随其他每个人当时在做的事去做，或者自己内心不可抗拒地呐喊去做，事后往往证明是错的。

●有个合乎逻辑的做法，也就是想到买普通股之前第一步是研究过去以什么方法最能赚到钱。最重要的事实是：找到真正杰出的公司，抱牢它们的股票，度过市场的波动起伏，不为所动。这种投资策略远比买低卖高的做法赚得多。

●找到一家多年来营业额和盈余成长率远超过整体行业的公司。当我们相信自己已找到这样一家公司时，最好长期抱牢不放。这样的公司不见得必须年轻，规模小；相反，不管规模如何，真正重要的是管理阶层不但有决心推动营运再次大幅成长，也有能力完成他们的计划。这样的成长往往和他们晓得如何在各个科学领域研究工作有关，接着在市场上推出经济上有价值且通常相互关联的产品线。

●寻找优良普通股的 15 个点：

——这家公司的产品或服务有没有充分的市场潜力，至少几年内营业额能够大幅成长？

——管理阶层是不是决心继续开发产品，在目前富有吸引力的产品线成长潜力利用殆尽之际进一步提高总销售潜力？

——和公司规模相比，这家公司的研究发展努力有多大的效果？

——这家公司有没有高人一等的销售组织？

**罗伊·纽伯格 (Roy R. Neuberger)**

●热爱一支股票是对的，但当它股价偏高时，还是让别人去热爱比较好。

●我擅长熊市思维，我与乐观者们唱反调。

●在开始做公司分析之前，先研究一下你自己。

——这家公司的利润率高不高？

——这家公司做了什么事以维持或改善利润率？

——这家公司的劳资和人事关系是不是很好？

——这家公司的高阶主管关系很好吗？

——公司管理阶层的深度够吗？

——这家公司的成本分析和会计纪录做得多好？

——投资人能够得到该公司其它的经营层面，尤其是本行业较为独特方面的重要线索，例如，相对于同业，该公司的竞争能力有多突出？

——这家公司有没有短期或长期的盈余展望？

——在可预见将来，这家公司为取得足够资金以及后续成长而可能发行股票。由于发行在外股数增加，现有持股人的利益是否会因预期中的成长而大幅受损？

——管理阶层是不是只向投资人报喜不报忧？诸事顺畅时口沫横飞，有问题或叫人失望的事情发生时却三缄其口？

——这家公司管理阶层的诚信正直态度是否毋庸置疑？

●数十年来始终如一、不断有突出成长率的公司可以分成二类，其中一类是幸运且能干的，另一类是因为能干所以幸运的。但这两类公司的管理阶层都必须很能干才行，没有一家公司能光凭借运气不错而能长期成长的。

●从投资人观点来说，营业收入导致利润增加的投资标的才是真正有价值的。如果多年来利润一直不见相对增加，而营业额再怎么成长是无法创造出合适的投资对象的。希望长期大赚的投资人最好远离利润低的公司。

●公司的管理层远比持股人更容易接触公司的资产，控制公司经营大权的人也有无数方法在不违法的情形下假公济私牺牲一般股东的权益，图利自己和家族。面对这种管理层滥用手法，投资人只有一种方法能够保护自己，那就是投资对象限于管理层对股东有强烈受托感和道德责任感的公司。

●投资赚钱最理想的方法是以低的风险获得最高的总利润，努力找到某些显然是便宜的股票。但事实情况可能是，其中一些真的很便宜，但其它一些股票，公司未来经营上可能陷入困境，因此不但不能算是便宜，和几年后的价格比起来，目前的价格其实太高了。

●成长型股票所得利润高出许多的原因，在于它们似乎每十年就增值好几倍，这个简单算术的累积效果很明显。

●成长型投资人偏爱几年后获得高额收入，而不求今天拥有最高报酬。比较二种投资方法：所买普通股提供高股利收益率，以及所买股票的收益低，但公司却着眼于未来的成长和资产再投资，五年或十年期内，后者作为成长型股票的资本增值幅度，则远高于前者。

### 沃伦·巴菲特（Warren Edward Buffett）

沃伦·巴菲特是全世界唯一一个仅靠投资股市而成为世界天才投资家的。48年来，他创造出前无古人的投资业绩，复利增长年均高达24%。假如你在1956年将1万元交给巴菲特管理到2004年，这笔钱已超过3亿元。

巴菲特（Warren Buffett）出生于 1930 年 8 月 30 日，他从小就极具投资意识。1941 年，11 岁的巴菲特购买了平生第一张股票。1947 年，巴菲特进入宾夕法尼亚大学攻读财务和商业管理。1956 年，他回到家乡创办"巴菲特有限公司"。1964 年，巴菲特的个人财富达到 400 万美元，而此时他掌管的资金已高达 2200 万美元。1994 年底已发展成拥有 230 亿美元的伯克希尔工业王国，由一家纺纱厂变成巴菲特庞大的投资金融集团。他的股票在 30 年间上涨了 2000 倍，而标准普尔 500 家指数内的股票平均才上涨了近 50 倍。同时，巴菲特拥有许多大公司的主要股权，且通常为其第一大股东，包括美国运通（American Express）、可口可乐（Coca-Cola）、迪士尼（Walt Disney）、吉列刮胡刀（Gillette）、麦当劳（McDonald's）、华盛顿邮报（Washington Post）、美国广播公司（ABC）以及花旗银行等等。

2003 年 8 月 11 日 的美国《财富》评选出全球最有影响力的商业人士，沃伦·巴菲特名列第一。


● 在你能力所及的范围内投资。关键不是范围的大小，而是正确认识自己。

● 投资多样化可以抵消无知的副作用。

● 你必须独立思考。我总是感到不可思议为什么高智商的人不动脑子地去模仿别人。我从别人那里从没有讨到什么高招。

● 我们收购企业时有三个条件：（1）我们了解这个企业；（2）这个企业由我们信任的人管理；（3）就前景而言其价格有吸引力。如果你发现一家优秀的企业由一流的经理人管理，那么看似很高的价格可能并不算高。

●股票并不知道谁是持有人。在股价上下波动时你会有各种想法，但是，股票没有任何情感。

●计算内在价值没有什么公式可以利用，你必须了解这个企业。如果你在一生中能够发现3个优秀企业，你将非常富有。如果公司的业绩和管理人员都不错，那么报价就不那么重要。假如你有大量的内部消息和100万美元，一年之内你就会一文不名。

●在我从事投资工作的35年里，没有发现人们向价值投资靠拢的迹象。似乎人性中有一些消极因素，把简单的问题复杂化。

●市场的存在为我们提供了参考，方便我们发现是否有人干了蠢事。投资股票实际上就是对一个企业进行投资。你的行为方式必须合情合理，而不是一味追赶时髦。

●投资人最重要的特质不是智力而是性格。

●对一个优秀的企业来说，时间是朋友，但是对于一个平庸的企业，时间就是敌人。

●如果你无法左右局面，那么错失一次机会也不是什么坏事。

● 1986年，我最大的成就就是没有干蠢事。当时没有什么可做，现在我们面临同样的问题。如果没有什么值得做，就什么也别做。

●实际上，如果没有十足的把握，我不会轻举妄动。

●投资是一项理性的工作，如果你不能理解这一点，最好别搀合。

●对大多数从事投资的人来讲，重要的不是知道多少，而是怎么正确地对待自己不明白的东西。只要投资者避免犯错误，没必要

罗伊·纽伯格(Roy R.Neuberger)

●热爱一支股票是对的，但当它股价偏高时，还是让别人去热爱比较好。

我擅长熊市思维，我与乐观者们唱反调。

●在开始做公司分析之前，先研究一下你自己。

做太多事情。

### 理查·芒格（Charlie Munger）

理查·芒格是巴菲特旗舰公司伯克希尔帝国的二号人物，与巴菲特一起构成了美国资本市场上的一对梦幻组合。理查·芒格可以说是未被聚光灯照到的隐形投资奇才，因为聚光灯都照在巴菲特身上了。1998 年，芒格财富超过 12 亿美元。巴菲特认为："波克夏有了芒格的指导，才得以成为更有价值而备受推崇的公司"，"芒格拓宽了我的视野。"

芒格的成功和巴菲特颇有相似之处，他们有着坚定的意志、敏锐的洞察力，而芒格父母和家庭则赋予他良好的教育和明确的行为准则。芒格认为，这些都远比金钱有价值。他认为从小就生活在有正确价值观的良好环境中，是一种不可限量的财富。芒格曾经是个企业律师，他曾经希望自己成为一个物理学家，也喜欢数学。他从物理学家那里学会将各种问题颠倒或者从后面观察其变化。这些，都为他以后的投资活动奠定了基础。

芒格和巴菲特组建的伯克希尔·哈萨维公司，成功地收购了"蓝带印花票证公司"（Blue Chip Stamps）与"茜氏糖果公司"（See's Candy），还有其他加利福尼亚公司，奠定了他们成功的基石。芒格后来回忆道，我们以高于账面的价格收购茜氏糖果公司，它现在运转很好。而位于科恩、霍斯查得的连锁店以低于账面价值的价格打折购买，情况却很糟糕。这两件事改变了我们的想法，使我们认识到应该以高价购买好的企业。购买一个好的企业并让它自由发展，要比购买一个亏损企业好，因为后者要花大量的时间、精力和金钱去扶持其发展。

芒格持续地购买一些质量优秀的公司，有的是长期具有很强盈利潜能的公司，有时是他相信今后不会有麻烦的公司。他与巴菲特陆续收购了一些大名鼎鼎的公司：可口可乐、吉利、所罗门兄弟公司等等。

也许有人认为芒格和巴菲特有什么独门暗招，其实芒格说得很实在，你必须收集信息。芒格认为，他和巴菲特从各种大的商业杂志上学习到的东西，比他们在其他任何地方学到的都要多。因为你可以从其中得到大量的商业信息和商业经验。当然，芒格的阅读也经常超出这些范围：他会如饥似渴地阅读如恐龙、黑洞以至心理学等一切知识。好学，使他有着充分的知识准备去从事他的事业。芒格因此成功地从一位功成名就的律师转型为一位蜚声全球的职业投资家。

●财金作家路易斯认为巴菲特四十年来的成功，是因为他丢了四十年的铜板，而四十次都出现人头，我只能说，如果他这么认为，那真是傻得可以。

●相信人类幸福的秘密就是将目标放低，而我正好这么做。很多人的人生都会经历过这些事，任何想奋力撑大人生之盒的人会发现，盒子四周有壁，终会裂开。

●你必须接受有许多失败存在，无论你多么能干，还是会遭遇逆境及麻烦。如果一个人能抱持着世事无常的想法继续前进，只要凭正确的思考及遵循正当的价值，终究能够成功，所以我说不要因为一些挫折就气馁。

●累积财富如同滚雪球，最好从长斜坡的顶端开始滚，及早开

罗伊·纽伯格 (Roy R.Neuberger)

●热爱一支股票是对的，但当它股价偏高时，还是让别人去热爱比较好。

●我擅长熊市思维，我与乐观者们唱反调。

●在开始做公司分析之前，先研究一下你自己。

始，努力让雪球滚得很久，此外，长寿也有帮助。

### 彼德·林奇（Peter Lynch）

彼德·林奇是世界著名投资大师，职业基金经理人，是美国家喻户晓的传奇人物。1944 年出生的彼德·林奇确实是一个神话，在华尔街基金管理人的心目中，他卓越的投资业绩已然矗立成峰。从 1977 年到 1990 年，在彼德·林奇掌舵美国最大的"麦哲伦号"共同投资基金的 13 年中，他取得了年收益率 29% 的卓越成就，基金规模从 2000 万美元扩张到 140 亿美元，年复利平均增长达 29.2%。

彼德·林奇将 100 万投资人的 100 亿美元分散投资于 1400 家公司，但他不是为了"分散风险"，而是为了不断地发掘新的机会。作为中场的主力队员，他异常勤奋，他的身影总是不断在赛场的各个角落出现。彼德·林奇从每天上午 8 点工作到晚上 7 点，周末也难得休息，自称只有刷牙的时候才有空。他和两名研究助手每个月要对将近 2000 个公司检查一遍，假定每个电话 5 分钟，这就需要每周花上 40 个小时。他每月打电话 2000 次，一年出行 16 万公里到各地考察。

●你的投资才能不是来源于华尔街的专家，你本身就具有这种才能。如果你运用你的才能，投资你所熟悉的公司或行业，你就能超过专家。

●每支股票后面都有一家公司，要了解公司在干什么！

●你得了解你拥有的股票以及你为什么拥有它。"这只股票一定要涨"的说法并不可靠。

●拥有股票就像养孩子一样，不要养得太多而管不过来。业余选股者大约有时间跟踪8～12家公司，在有条件买卖股票时，同一时间的投资组合不要超过5家公司。

●当你读不懂某一公司的财务情况时，不要投资。股市的最大亏损源于投资了在资产负债方面很糟糕的公司。先看资产负债表，搞清该公司是否有偿债能力，然后再投钱冒险。

●对于小公司，最好等到他们赢利后再投资。

●公司经营的成功往往几个月甚至几年都和它的股票的成功不同步。从长远看，它们百分之百相关。这种不一致才是赚钱的关键，耐心和拥有成功的公司终将得到厚报。

●如果你投资1000美元于一只股票，你最多损失1000美元。如果你有耐心的话，你将等到赚一万美元的机会。一般人可以集中投资于几个好的公司，基金管理人却不得不分散投资。股票的只数太多，你就会失去集中的优势，几只大赚的股票就足以使投资生涯有价值了。

●股市下跌就像科罗拉多一月的暴风雪一样平常，如果你有准备，它并不能伤害你。下跌正是好机会去捡那些慌忙逃离风暴的投资者丢下的廉价货。

●每人都有炒股赚钱的脑力，但不是每人都有这样的肚量。如果你动不动就闻风出逃，你不要碰股票，也不要买股票基金。

●事情是担心不完的。避开周末悲观，也不要理会股评人士大胆的最新预测。卖股票必须是因为该公司的基本面变坏，而不是因为天要塌下来。

罗伊·纽伯格(Roy R.Neuberger)

●热爱一支股票是对的，但当它股价偏高时，还是让别人去热爱比较好。

●我擅长熊市思维，我与乐观者们唱反调。

●在开始做公司分析之前，先研究一下你自己。

●没有人能预测利率、经济或股市未来的走向，抛开这样的预测，注意观察你已投资的公司究竟在发生什么事。

●当你拥有优质公司的股份时，时间站在你的一边。你可以等待，即使你在前五年没买沃玛特，在下一个五年里，它仍然是很好的股票。

●如果你有买股票的肚量，但却没有时间也不想做家庭作业，你就投资证券互助基金好了。当然，这也要分散投资。你应该买几只不同的基金，它们的经理追求不同的投资风格：价值型、小型公司、大型公司等。投资六只相同风格的基金不叫分散投资。资本利得税惩罚的是那些频繁换基金的人。当你投资的一只或几只基金表现良好时，不要随意抛弃它们，要抓住它们不放。定命运的，不是股票市场，也不是上市公司本身，而是投资者本人！

### 维特·倪德厚夫（Victor Niederhoffer）

在本书的名人录里，维特·倪德厚夫可能是股票、债券、外汇和期货大师中唯一一位市场投机客，他被评为美国最优秀的商品交易人，也是乔治·所罗斯的顾问和操盘手，以及其他许多投资理财高手的导师。在倪德厚夫的世界中，生命就是一场投机活动，我们全是投机客，你我都在自己的事业生涯、人际关系、游戏和投资中冒险投机。

倪德厚夫毕业于哈佛大学，并拿到芝加哥大学的财务学博士学位，长于竞争、乐于竞争，五度荣获美国全国回力球比赛冠军。他在办公室中不穿鞋子，要求员工一定要看 National Enquirer 杂志。

虽然他被归类在"投机客"类别里，但他的以下箴言却对价值投资者不无启发。

- ●改变生命的决定，取决于我们有没有能力判读事件的结果。
- ●在恐慌期间，经纪商大规模倒闭，随之而来的是市场的底部。
- ●企业始终在变化，消费者的喜好也一样。
- ●资本报酬风水轮流转，转的这么厉害，使我小心翼翼，不愿付出比净值或盈余高太多的溢价，购买华尔街当红的热门股，不管他们的利基多么诱人。
- ●杂志上的文章也宣称世界末日来临时，我知道这时正该进场。
- ●经纪商乱成一团。我知道这时每个人都在逃命，于是我急忙在混乱中进场。
- ●要是一个人不犯错的话，他会在一个月之内拥有全世界。但是如果他不能从错误中得到好处，绝对不能拥有什么好东西。
- ●人性跟希望和恐惧无法分开。
- ●照一般人那样在股票上赌博，绝对是错误的。

**罗伊·纽伯格(Roy R.Neuberger)**

- ●热爱一支股票是对的，但当它股价偏高时，还是让别人去热爱比较好。
- ●我擅长熊市思维，我与乐观者们唱反调。
- ●在开始做公司分析之前，先研究一下你自己。

### 威廉·江恩（William·Delbert·Gann）

在美国股市，几乎无人不知威廉·江恩。这个在华尔街赚了 5000 万美元利润，投资成功率高达 80% ~ 90% 的贫家男孩是美国股市谜一样的人物。

江恩，1878 年 6 月 15 日出生于美国得克萨斯州的小镇 Lufkin。父母是爱尔兰裔移民。少年时代的江恩就卖过报纸、明信片、食品、小饰物等；1902 年 24 岁的江恩第一次入市买卖棉花期货；1906 年江恩

到俄克拉荷马州当股票经纪；1908 年 30 岁的江恩移居纽约，建立了自己的经纪业务；同年 8 月 8 日，他宣布了他最重要的市场预测方法——控制时间因素。经过多次准确预测后，江恩名声大噪。1909 年 10 月江恩接受著名的《股票行情与投资文摘》（The Ticketr and Investment Digest）杂志的访问。在杂志编辑的监督下，江恩在二十五个交易日内进行了 286 次买卖，其中 264 次获利，其余 22 次亏损，胜算高达 92.3%。而资本则增值了 10 倍。平均交易间隔是 20 分钟。

江恩的成功不仅是 286 次交易中达到 92.3% 的成功率，更重要的是他几乎百发百中的投资策略。在《华尔街四十五年》一书中江恩详细地总结了其独创的交易技巧，对广大股民来说是非常宝贵的经验总结。江恩相信股票、期货市场里也存在着宇宙中的自然规则，市场的价格运行趋势不是杂乱的，而是可通过数学方法预测的。江恩的数学方程并不复杂，实质就是价格运动必然遵守支持线和阻力线，也就是——江恩线。

江恩在其 53 年的投资生涯中共从市场上取得过 3.5 亿美元的纯利，对于股民来说，江恩是个奇迹，更是个谜。

●每次资金的用量不要超过总额的十分之一。

●每次的交易计划中必须有止损操作程序。

●要懂得适可而止，永远不要过度交易。

●有了盈利切忌贪婪，要注意获利了解。

●必须顺势而为，无法确定趋势时不要介入。

●介入后发现行情不明应该及早退出观望。

● 多操作活跃股票避免介入冷门股。

● 同时操作 4~5 只股票可以平均分摊风险。

● 不要在没有理由特别是在恐慌时操作。

● 当有了一定盈利后要及时取出以备万一。

● 永远不要为分得公司红利而买它的股票。

● 永远不要用无目的的补仓来摊低成本。

● 在作出进退决定前要有足够的耐心。

● 避免过于频繁地买进卖出。

● 不要凭绝对价格的高低来决定买卖。

● 要选择正确的时机加码。

● 避免成功之后忘乎所以的操作。

**罗伊·纽伯格**(Roy R.Neuberger)

● 热爱一支股票是对的，但当它股价偏高时，还是让别人去热爱比较好。

● 我擅长熊市思维，我与乐观者们唱反调。

● 在开始做公司分析之前，先研究一下你自己。

## 伯妮斯·科恩（Bernice Cohen）

科恩是英国目前名气最大的一个个体股民。从 1990 年起，她运用自己的"股市快速获利法"使自己的财富连年稳健持续增长。

1990 年的科恩还只是个初入股市的新人，根本谈不上有一点股市投资的训练和经验。但她很有心计，靠研究威连·奥尼尔所著的《如何在股市上赚钱》一书中的建议结合自己的经验总结出"股市快速获利法"，投资收益远远超过了他人与基金专家。

"股市实战获利法"是发现潜力股的一种方法，它涉及 11 种因素，对于你评估的任何一种股票，你将研究 11 种各自独立的因素，然后决定是否买进，在这 11 种因素中，4 种是选择股票的基础方面，3 种涉及技术方面，其他 4 种是帮助进一步优化选择过程的基本标志。"股市

实战获利法"是一种包括各个方面的涉及面很广的方法，而不是在基本因素或者技术因素中偏执一方。实质上，它涵盖了"安全第一，双重保险"投资方法的精髓。这一涉及广泛的方法，很适合于那些缺乏初步知识的投资者，这是你鉴定优质股、避开下跌股所必须具备的第一武器，因此这也是你控制风险的关键步骤。

●基础事实是一个总体因素，包括能够提供目前与未来股票获利信息的一切基本面。

●最新的年度成绩最好能够显示出 20% 或者更多的增长。

●关注某种股票的特征，其相似的品种数量在市场中越少越好。

●技术分析主要是经典的 K 线组合与均线量能组合。

●关注目标品种的每次放量异动与较大下跌，并分析其原因与采取买卖行动。

●资金充足公司在盈利的基础上，能够保证有较大现金流入。

●利润增长应达五年后利润至少翻一番的标准。

●积极监督注意目标品种的一切信息变化。

●关注超级主力（基金、券商、职业机构）对目标股的动向。

●新事务可以包括新产品、新的操作方式或股票价格的一个新高度。

●最好的短线股票是顺势放大量上涨，最好的长线股票是逆势放量上涨。

## 罗伊·纽伯格（Roy R.Neuberger）

罗伊·纽伯格是一个经历两次大股灾的专业投资人。他是一位白手起家的百万富翁，一位颇具传奇色彩的股票交易商，一位大众瞩目的投资家，一位通晓商业风险的资本家，一位曾经征服了华尔街又征服了华盛顿的经理人。

20世纪上半叶，这位德国后裔成为美国股市和政坛上叱咤风云的人物：提起烟草大王杜克，不能不提起他；说到摩根，更不由自主地想到他。他既钟情于股市又热衷于政治，除被人们冠以"总统顾问"、"公园长椅政治家"等头衔中，人们更愿意称他为"在股市大崩溃前抛出的人"。

写《金钱与艺术》（So For，So Good——The First 94 Years）自传体财经书稿时，罗伊·纽伯格已94岁。在1929年时，他才25岁。在这本研究金融史的图书里，他为人们提供了很多灾难发生的特征，尤其是他亲历事件的切身感受。他在书中指出，如果你觉得错了，赶快退出来，股市不像房地产那样需要很长时间办理手续才能改正，你随时可以从中逃出来的。

●在你真正成为一名投资者之前，你也应该检查一下身体和精神是否合格。好的身体是你做出明智判断的基础，不要低估它。

●个人投资者对一支股票的影响，有时会让它上下浮动10个百分点，但那只是一瞬间，一般是一天，不会超过一个星期，这种市场既非牛市也非熊市，我称这样的市场为"羊市"。有时羊群会遭到杀戮，有时会被剪掉一身羊毛，有时可以幸运地逃脱，保住羊毛。

罗伊·纽伯格(Roy R.Neuberger)

●热爱一支股票是对的，但当它股价偏高时，还是让别人去热爱比较好。

●我擅长熊市思维，我与乐观者们唱反调。

●在开始做公司分析之前，先研究一下你自己。

●今天的股市需要弗洛伊德教授把它放在睡椅上分析一下。某些以往不曾有过的因素诱导着市场，使它过于神经质。

●不要低估心理学在股票中的作用，买股票的比卖股票的还要紧张，反之亦然。除去经济统计学和证券分析因素外，许多因素影响买卖双方的判断，一次头痛这样的小事就会造成一次错误的买卖。

●在羊市中，人们会尽可能地去想大多数人会怎样做。他们相信大多数人一定会排除困难找到一个有利的方案。这样想是危险的，这样做是会错过机会的。设想大多数人是一机构群体，有时他们会相互牵累成为他们自己的牺牲品。

●时机可能不能决定所有事情，但时机可以决定许多事情。本来可能是一个好的长线投资，但是如果在错误的时间买入，情况会很糟。优秀的证券分析人可以不追随市场大流而做得很好，但如果顺潮流而动，操作起来就更简单。

●虽然股价还没有到最高点，但如果你获利了，还是退出为好。伯纳德·巴鲁克是能最好把握时机的投资者，他的哲学是，只求做好但不贪婪。他从不等待最高点或最低点。

●华尔街有一说法，如果你持有一支股票的时间够长，就能赚钱。整体看，这么说是对的。但它不太适用于个体公司，因为这样的公司极易破产。

●在这个时期，普通股票是最好的投资，但是在另一时期，也许房地产业是最好的。任何事情都在变，人们也要学会变，我完全不相信会存在一个永久不变的产业。

●热爱一支股票是对的，但当它股价偏高时，还是让别人去热爱比较好。

●我擅长熊市思维，我与乐观者们唱反调。但是，如果大多数人有悲观情绪，我就与之相反，作牛市思维；反之亦然，我同时做套头交易。

●在68年的华尔街生涯里，我有30%的时间在犯错误，这当然意味着许多的损失；但我有70%的时间是对的。如果有一个投资者在所有时候都是对的，他或她就一定积累了全世界所有财富的绝大部分。正像你怀疑我那样，永远正确的投资者是不存在的，除非他是个谎言家。

●在开始做公司分析之前，先研究一下你自己。对一个投资者来说，你自身的力量可以帮助你走向成功。

●公司的分红派息也十分重要，需要加以考虑。如果它的分配方案是适当的，它的股价可以更上一个台价。如果公司分出90%的利润，注意，这是一个危险信号，下一次就不会分红了；如果公司只分出10%利润，这也是一个警报，一般公司的分配方案是分出40%～60%的利润。许多公共事业的股票的分红比率还会更大些。

● 1929年以后的几年里，我没有输钱，但确实有几年里我只是打个平手，但在这几年里我学会了许多东西。许多年后，我还可以感觉得到它的影响。多元化是成功法则中重要的一部分。不要只相信我说的，看看杰拉德·罗布的著作吧，他曾经大肆鼓吹孤注一掷的。许多年前，他将全部资金投入纽约中心铁路和宾夕法尼亚铁路股票，但这两家公司相继破产。

罗伊·纽伯格(Roy R.Neuberger)

●热爱一支股票是对的，但当它股价偏高时，还是让别人去热爱比较好。

●我擅长熊市思维，我与乐观者们唱反调。

●在开始做公司分析之前，先研究一下你自己。

## 威廉 · 奥尼尔（William J.O'Neil）

威廉 · 奥尼尔在 1958 年开始股票生涯，是华尔街最顶尖的资深投资人士。他白手起家，30 岁时就买下纽约证券交易所席位，并于洛杉矶创办执专业投资机构之牛耳的奥尼尔公司，目前是全球 600 位基金经理人的投资顾问。他在 1983 年创办《投资者财经日报》，该报成长迅速，成为《华尔街日报》的主要竞争对手。

威廉·奥尼尔于 1988 年以其 40 年来研究股市的心得和经营共同基金的实证经验，出版了《股海淘金》一书，他将他的选股艺术淬炼出 CANSLIM 的选股模式，被人称为"奥尼尔模式"，模式中包含了对尚未发动大涨势的潜在优秀股票独具特质的充分理解，以及对这些股票投资契机的有效把握。其中：

C= 当季股票纯收益，即好股票在它价格大涨前一定显示出公司有很大的收益增加。

A= 年度每股纯益成长率，即理想的情况是逐年的每股收益应该比上年增长。

N= 公司具有一些新东西，即指新产品、新管理层、新股价高点。新东西还包括新的服务内容、设备上的更新、新的管理方式。

S= 供给与需求，表明股票流通规模要小。

L= 领涨股。奥尼尔主张挑选领先股票，而避免选择落后股票，他指出只倾向买入强度 80 以上的股票。

I= 专业投资机构的认同。由于投资主力是机构投资者，领涨股往往有机构做后盾。但要避免有多家机构关照的股票，所以一家明显经营良好，几乎为所有机构投资者都有该种股票时，这种股票是不宜介入的。

M= 股市走向。当股市已有相当规模的涨跌运动时，有四分之三的股票会显示同一方向，认真研究每日股票价格和成交量，注意是否有见顶或见底的讯号。

进入股市，由于情绪因素起作用，人们在股市中的表现常常是错误的，奥尼尔归纳出了投资者常犯的18种错误，提醒投资者加以克服。

●大多数投资者尚未入门，他们不会使用好的选择标准，他们不知道如何寻找优秀股。因此，他们常常买到四线股，这些股票表现不突出，不可能成为领导股。

●一种保证你最终亏钱、令你伤心的方法是买股价下跌的股票。由于这些股票价格与它们几个月前相比相当便宜，所以看起来往往像是真正的便宜货。而这类股票往往表示这家公司遇上了严重的麻烦而且尚在恶化中，问题严重的甚至有破产的可能。

●一个更坏的习惯是当股价往下掉的时候平均往下买入，而不是股价上涨时平均往上买。倘若你以每股40美元买入，然后又以30美元买入，平均一下成本是每股35美元。你就是这样随着你犯的错误和亏钱货往下走，不断把钱赔进去。这种业余投资者的策略能导致你严重亏损，只要少数几次严重大亏损，就会将你挤垮。

●公众一般爱买价格很低的便宜股票，他们以为自己聪明，比起购买高价股，可以较多地买入低价的股票，唯这么做才让他们感到心安。而购买股票与购买商品是同理，要买最好的可以使用的商品，而不是挑最次的。价位低的股票虽具低价吸引力，但那些公司

高热
时爱一支股票是对的，但当它股价偏高

罗伊·纽伯格(Roy R. Neuberger)

●热爱一支股票是对的，但当它股价偏高时，还是让别人去热爱比较好。

●我擅长熊市思维，我与乐观者们唱反调。

●在开始做公司分析之前，先研究一下你自己。

不是过去表现低劣就是近来有些问题，股票也像其他东西一样，便宜无好货。

●选购股票要防止成为劣等的、质量差的证券的追随者和支持者，没有机构关注的股票，是价格呆滞的原因之一。

●初入市从事股票投机的人，往往想发得多，发得快，既不想做必需的钻研和准备，也不具备基本的方法和技巧。他们希望找到一条不用费时费力、实实在在学些知识而能快快赚钱的方便捷径。

●大多数美国人爱好依据小道消息、谣传、故事和投资咨询之类买卖股票。换言之，他们宁可根据他人的胡言乱语，拿自己赚来的钱冒风险，却不愿实实在在地弄懂他们所要干的事。绝大多数的谣传都是不正确的，即使小道消息是对的，有许多次，股票偏偏像嘲弄人似的，股价反而往下掉。

●投资者因为股票红利高或是因为市盈率低而买入第二流的股票。股票红利不如每股盈利那么重要。事实上，一个公司红利分得越多，越可能变得财务衰弱，因为有可能为了分红利而引起内部所需资金的短缺，为此要为取得贷款而付出高额利息。一个股票投资人可以在一二天的股价波动中损失所有的红利，低市盈也可能是由于该公司过去业绩低劣的缘故。

●人们常买他们熟悉的公司的股票，只是因为你曾经在通用汽车公司干过，这并不会使该公司股票成为你必须买入的好股票。有许多最佳的股票名字你并不熟悉，但它们却是你能够也是应该了解的，只要你肯花一点时间去研究一下。

●绝大多数投资者没有得到正确的资讯与建议。有时即使得到了好的建议，许多人也还认识不到，运用不来。通常一般的朋友、股票经纪人或咨询服务机构往往成为使你遭受损失的建议来源。值得你考虑的在股市上有所成就的朋友、经纪人和股票咨询机构就像杰出的医师、律师和垒球选手那样少见。

● 98％以上的人都不敢买这样的股票：股价刚刚冲上新高价位，对他们来说，价格太高了。个人感觉和观点远不及市场正确。

● 绝大多数不老练的投资者，当他所持股票损失还小，可以承受时，往往顽固地继续持有这些股票并期望出现转机，直至损失变得更大，不堪忍受而损失惨重。

● 与上述情况相似，投资者对绩优股票往往容易小有盈利就落袋为安，而对亏损股却紧揣不放，这种策略与正确的投资方式背道而驰，不能先卖出盈利的股票，后卖出亏损的股票。

● 投资者对税和佣金顾虑过多，要知道你的关键目标首先在于获得净利。有些投资者为了省税而压制自己不卖出股票，是自我意识太强、客观判断太弱的表现。买卖股票的佣金，相对说来是微不足道的。拥有股票的优点之一就是比房地产业所付的佣金低，又可以即时在市场上流通变现，可以使你以较低的代价得到保护，在发动新趋势时获得较高的利润。

● 进行股票选择权投机的人认为这是一条迅速致富的途径。当他购买选择权时，过分集中购买短期的、低价的选择权品种，这类选择权比长期选择权风险更高。对于持有短期选择权的持有人，到期时间很有限是非常不利的。不少选择权投机者也喜欢做卖出选择权交易，称为"赤膊选择权"，也就是只为了博取一些可能的小利

**罗伊·纽伯格（Roy R.Neuberger）**

● 热爱一支股票是对的，但当它股价偏高时，还是让别人去热爱比较好。

● 我擅长熊市思维，我与乐观者们唱反调。

● 在开始做公司分析之前，先研究一下你自己。

而冒很大风险的一种，这是一种不正常的投资方式。

●有些投资者对作出买卖决定感到困难，他们下不了决心，或是犹豫不定，拿不准主意，实在不知道该怎么干，没有一个计划，没有一套原则或规则指导自己。因此，不知道什么该做，什么不该做。

●许多投资者不能客观地观察股价，老是期望买自己喜欢的股票，纯粹依靠希望和个人观点而不是注意市场的观点，而市场反映的观点较多是正确的观点。

●投资者往往受到一些并不是真正关键的东西的影响，诸如送股拆细、增加红利、新闻发布、经纪公司或投资顾问的推荐等。

# 后记　后长牛时代的价值投资宣言

　　我们在思考，2008 年之后如何操作，才能持续投资成功？
2009 年呢？ 2010 年呢？长牛市经过整整两年的上涨，未来股市可
能还将继续向上拓展攀升。现在的 A 股平均市盈率已经高达 50 倍
以上，三分之一的股票的市盈率高达百倍之上。过去两年里，我们
也看到了确实有很多很多股票业绩大幅增长，尤其是那些垃圾股，
增长幅度更大。但我们非常怀疑：这种业绩增长的持续性，2008、
2009 年还能够这样增长吗？回答是：绝对不可能！

　　我们在思考，2008 年之后如何投资中国股票才能继续打败大盘，
保持投资的成功？中国股市会在高歌猛进中突然戛然而止吗？投资
者是否又要忍受类似 2001 ～ 2005 年的那种股市持续下跌的痛苦？
谋定先动，才能百战百胜。包括中国在内的世界各国股市都一再证
明：高估值，尤其是超高市盈率的股票市场，持续暴跌的来临只是
时间早晚而已。作为已进入后长牛时代的投资者必须深入研究这一
方面，即便市场还将继续迭创新高，甚至大幅攀升，我们仍然需要
未雨绸缪，将重点研究主要放在：如果今后市场真正见顶，我们该
怎么办？如果股市见顶后再来谋动，恐怕不仅意味着未来我们将被
迫长期远离市场，而更重要的是，我们在过去长牛市里因为股价大

维特·倪德厚夫 (Victor Niederhoffer)

● 在恐慌期间，经纪商大规模倒闭，随之
而来的是市场的底部。

● 杂志上的文章也宣称世界末日来临时，
我知道这时正该进场。

● 照一般人那样在股票上赌博，绝对是错
误的。

幅攀升而获得的纸上富贵，将因为大势的突然见顶而被连本带利地悉数揩尽。连本都没有了，即便有"春风吹又生"的股市来年，我们却只好因为血本无归而被迫永久性地离开这个曾经让我们赚钱到心跳的股市。

但在下跌市道中，一样有着少部分优秀股票能够持续长期地向上运行。作为价值投资的投资者，我们要投资的就是这一小部分的股票。成功的投资者，不是因为能够在上涨趋势中赚了多少钱，而是因为能够在不断波动的市场中持续赚大钱，这才是关键之关键。我们深信：只有在股市大幅下跌，或股市持续调整的市场中能凤凰涅槃，能置之死地而后生，并能脱颖而出的投资者，才是这个血腥搏杀的股市里最为优秀的。这才是我们价值投资者真正长期追求的目标。

成功的投资者与平庸的投资者最大区别就在于：成功的投资者能够在股市里持续长期为自己赚大钱，无论是在牛市还是熊市。平庸的投资者能够在牛市、在疯狂市场里随波逐流地为自己赚大钱，但在熊市、在市场大幅波动时，他们的股票下跌惨烈，亏损累累，他们获取的财富也因此被打回原形，甚至倾家荡产。因此投资成功的唯一标准不是某一时、某一持股的胜利，而是持续长久地获利，尤其是在市场大幅波动，甚或熊市的时候都能够继续获利。

要问我们掌握了什么投资获利的尚方宝剑，回答是：价值投资！唯有价值投资才是能够让我们成为市场中的"牛人"，市场优胜劣汰的存留者，市场获利的大赢家！赌博式的投机炒作，将让你赔得倾家荡产只是时间问题。在过去几年的长牛市里，即便你靠赌博式投机炒作赚了一千倍，我们仍然认为：你离倾家荡产只不过是时间问题。时间将为我们的断言做出佐证，世界各国股市因赌博式投机炒作而亏损累累的例证也将为我们的断言做出佐证。

在股市投资中，坚持价值投资的魅力究竟在哪里？最大的魅力在于当市场波动或处于弱势的时候，尤其是在熊市的时候，价值投资的收益远远超越市场的大部分投资者，尤其超越投机炒作者。在中国"5·30"长黑前，那些曾几何时叱咤风云的短线投资客一个个都成了市场的大输家，而坚持价值投资者，则因为手中持有中国伟大投资时代的价值蓝筹而极好地防御了这场股灾的侵袭。2000年之后，美国大批大批的对冲基金倒闭，客户亏损累累，但价值投资的领军人物——巴菲特，却取得了远远超越其他大部分对冲基金的投资实绩。对冲基金的投资业绩波动非常大：行情好的时候，大把大把地赚钱；行情差的时候，或者股灾来临的时候，则亏损得一败涂地。唯有坚信价值投资的巴菲特，业绩稳定性强、业绩持续增长时间长，所以他才是真正的投资大师。

中国股市经过"5·30"大幅杀跌后，上证综指经过几个月的运行早已再次创出历史新高。但很多股票跌下去后，就再也没有回到"5·30"前期的股价水平，而且经过2007年年末的几次股市大震荡（例如，"11·8"、"11·22"等），这些在"5·30"大跌下去的股票更是一蹶不振，逐级走上了漫漫下跌的不归之路。但同时我们却惊奇地发现：经过一轮波动之后，那些价值蓝筹却增幅喜人，大有"强者恒强"的气势。这就是价值投资的伟大魅力！

国内很多80后的新新代股民，恐怕还从未有过以20元买进一

维特·倪德厚夫（Victor Niederhoffer）

● 在恐慌期间，经纪商大规模倒闭，随之而来的是市场的底部。

● 杂志上的文章也宣称世界末日来临时，我知道这时正该进场。

● 照一般人那样在股票上赌博，绝对是错误的。

只股票，然后股价惨跌至 2 元、3 元的经历。但我们深信：不用三年，A 股中的垃圾股、没有多少价值的股票、靠所谓的题材在长牛市里被大幅炒高的股票，将跌至一文不值。这类股票无论在中国香港、台湾等新兴工业化国家或地区的股市，还是在美国、日本等西方发达国家的股市都随处可见。在海外任何一个市场中，垃圾股、没有多少价值的股票、靠所谓的题材大幅炒高的股票，最终都将跌到一文不值。如果国内投资人，尤其是那些还蒙在鼓里，坚持垃圾股短线炒作的投资人，能看看香港股市中大批大批的垃圾股走势，看看大批大批只有几分钱、几毛钱的股票的历史走势，他们一定会现在就断然从短线炒作中止步、退出来，因为未来中国股市也将走那些准发达国家或地区，以及西方发达国家的那条彻底的价值投资回归之路。A 股中那些垃圾股、没有多少价值的股票、靠所谓的题材大幅炒高的股票，将一无例外地暴跌至一文不值也只是时间问题。

股市虽然有风险，甚至是高风险，但稳健的价值投资则是投资者财富持续长久增长的康庄大道，他们从散户变成大户，从大户变成超级大户。这就是世界股市的铁律！价值投资的精髓就是选股与耐心。无论是牛市还是熊市，只要投资者选择的股票是优秀的，不但优秀，而且还要是非常优秀的，它就一定会持续长久地上涨。因此高度重视选股，追求能够持续十年、二十年甚至更长时间上涨的企业股票，就显得格外重要，重要得怎么强调都不为过。对于价值投资者来说，他们只把握自己能够把握的投资机会，只投资即使买进就套牢甚至套得很深，但仍然敢于放心耐心持有的好股票。我们现在要买的股，首先考虑的不是自己可以获利多少，而是考虑买进之后立即大跌但仍能放心持有的股票？能，则敲进；不能，则绝对不碰。价值投资者清醒地认识到：在中国股市里，绝大部分股票都是高风险的，能够永远投资的最优秀的上市公司股票只有绝少部分。

短线投资炒家追求的是短线暴利，他们同时认为股市是没有风险的；但价值投资者追求的却是持续长久的获利，并认为股市是高风险的，一旦操作不好或不慎是完全可能阴沟里翻船，倾家荡产的。所以，价值投资者的投资总是小心谨慎，步步为营，他们操作的也仅仅是自己长期关注，买进来并能够很好把握的中国最熟悉最优秀的标的公司，除此之外，一概不碰。其实，价值投资者都是一些股市里投资胆子最小的人，他们不会随意因为某股票上涨而买进，这种风险的代价实在太高太高。别人越是乐观，价值投资者的投资反而变得更加严谨，选股时也更从多维角度去反复分析、反复拿捏，最后才敢于买进。所以，价值投资者只把握自己能够把握，并且把握必胜的那些机会，一旦抓住，就集中重金买入。

除了选股之外，耐心也非常重要。在实战之中，无论你运用什么方法选股，最终的成功与否取都将决于一种能力，那就是不理睬环境的任何压力，坚持持股到成功的那份坚毅，因此决定价值投资者能否成功的往往不是自己有多么聪明，而是自己的那份甘于寂寞的执著的耐心。没有耐心的投资者即使再聪明，因为经不起市场的诱惑，或经不起市场风雨的敲打，而最终成为市场的淘汰者。

谁不愿意快速致富？！许多初入股市的投资者都希望快速致富，这种浮躁心态欲速则不达。这些投资者认为成功的先决条件是巨大的资金与庞大的信息网，以及超出常人数倍的能力。但历史的

维特·倪德厚夫（Victor Niederhoffer）

●在恐慌期间，经纪商大规模倒闭，随之而来的是市场的底部。

●杂志上的文章也宣称世界末日来临时，我知道这时正该进场。

●照一般人那样在股票上赌博，绝对是错误的。

经验一次次地证明，事实并非如此。投资者只要有足够的耐心与长远的投资计划，就能最后走向真正的成功；而足够的耐心产生的是足够巨大的复利。

在股市市场中，最危险的是什么？莫过于没有复利制造能力！一个投资者如果不能形成复利制造能力，无论牛市有多久，赚了多少钱，在五年、十年的循环之后，98％的人仍是亏损的。而真正的成功者则靠的是复利。如果一个人在20岁开始以1万人民币开始投资，如果这1万的投资可以保证每一年复合增长率是30%，等到他70岁的时候，当年投资的1万将为他坐拥328亿元的资产。这就是复利的伟力！

一个饶有兴趣的问题是，为什么不是每个投资者都像前文中所提到的山姆那样，一辈子轻轻松松就成了百万富翁呢？原因有很多，其中有一条则是肯定的，那就是因为他们没有坚持长期投资的策略。巴菲特之所以成为世界上独一无二的价值投资大师，就是因为他坚持长期投资的策略，借助于复利的力量才成年累月积累成今天的巨额投资结果。所以成功的关键就是设立一个长期可行的投资方案，通过耐心持之以恒地持有，这样成功才会离我们越来越近。请牢记：真正的成功者都是日复一日的日积月累而成为伟大的投资家，永远不要抱着一朝暴富的态度操作，这是非常危险的。

因此可以说，良好的投资心态才是投资成功的基础，因为只有心平，才能平和地对待大众的浮躁；只有心静，才能冷静地观察热闹股市表象背后的本质。有了这一体会，在投资中才能不断加强自身修养，才能以平和心态去投资股市，并尽量让自己做到：不贪心抓住每一次机会，不贪心抓住每一只匹黑马；不以涨喜，不以跌悲，达到心境轻松、淡定自如的心理最高境界。因此可以说，投资股市最重要的不是技术或基本面的分析，而是心态。投资者只有脱离一般投资思维模式，达到了这种心境轻松、淡定自如的心理境界时，他们才可以在寂寞难耐中成为真正的投资高手，才会在无论是牛市还是熊市中都能左右逢源，都能立于不败之地，最后成为股市的大赢家。

然而，在现实投资之中，太多太多的投资者总是企图捕捉到每一次股价波动的机会，抓住每一只能为自己带来巨大利润的超牛股，然后在最低价买入、最高价卖出。这是人性的贪婪，他们的投资也将最终被这种人性弱点的贪婪所累。但价值投资者则以为，在股市投资中，投资者一定要认识到许多时候自己其实是无能为力的，他们能做的只是那些自己能够把握的机会，赚属于自己投资体系能够赚到的钱，因此他们采取了有所不为才能有所为的操作策略。因为他们认识到，市场中的投资机会太多太多，多到永远都无法穷尽，永远也不能完全抓住。

很多普通投资者都有错过最佳买卖时机的经历。眼看着和似乎已到手的利润擦肩而过，心里会不好受。这又是一个低级实战心态的表现，绝对影响到投资者成为一个真正优秀的投资者。而价值投资者在操作中，首先弄清楚的是自己错失投资机会的原因，然后耐心等待下一次更好机会的到来。他们有绝对的等待耐心，也绝不随意胡乱。价值投资者总是认真仔细分析总结自己每一次成功和失败的经验教训，他们不是为自己的成功感到沾沾自喜，而对自己失败

维特·倪德厚夫（Victor Niederhoffer）

● 在恐慌期间，经纪商大规模倒闭，随之而来的是市场的底部。

● 杂志上的文章也宣称世界末日来临时，我知道这时正该进场。

● 照一般人那样在股票上赌博，绝对是错误的。

的操作，则总是斤斤计较、毫不放松地寻找造成失败的原因，绝不轻易将失败简单归咎于运气不好，或者别的其它什么原因。价值投资者总是能够清醒地认识到失败一定是因为自己出了问题，而绝不用偶然来为自己开脱。

真正的价值投资者始终是坚定不移地运用价值投资理念和法则，严格按照铁定的操作纪律来展开实盘操作的，他们永远追求的是持续长久的获利原则。

在本篇价值投资宣言行将接近尾声之际，我们要说：

1．价值投资魅力无穷，价值投资是唯一在股票市场之中持续长久地取得巨大成功的不二法宝。如果投资者长期坚持价值投资，十年之后，你们将从现在只有一万元的散户成长为几十万资金的中户；你们会从只有一二十万资金的中户成长为数百万资金的大户；你们会从百万大户成长为千万的超级大户。

2．选股永远选像钻石一样稀有、像皇冠上的明珠一样珍贵的企业股票，即便你是短线炒作，也仅仅炒作这类股票。对于像钻石一样稀有、像皇冠上的明珠一样珍贵的企业股票，买进之后，半年不涨、一年不涨，甚至下跌 10%、20% 或 30%，我们也愿意等待和坚持，并不断逢低买进，尤其在熊市里更是逢低介入的好机会。这类股票是价值投资者唯一愿意毕生关注，反复操作或耐心持有的。

3．只有长期坚持价值投资，你们才能持续长久地取得巨大的成功！这是唯一成功的真正大道！

最后，请允许我引用我在 2006 年年底在我搜狐博客里的一句话：

"如果我们上述的假设应验的话，那么现在正是投资中国资产的历史性时机。集中投资于最优秀的几家企业，一旦买入，便遵循集中投资、长期持有的策略。我们相信，风险的控制不在于投资目标的分散程度，而取决于投资目标的真正内在价值。只有那些对自己在做什么都不清楚的投资者才需要多元化的投资战略。所以我们不会频繁交易，高昂的交易成本将是长期投资的敌人。我们钟爱投资，因为我们遵循自己的理念，注重投资过程，享受长期的成果。等到一二十年后，当我们站在中国股市的山峦之巅，感叹'会当凌绝顶，一览众山小'的时候，我们一定会庆幸当年自己的投资正好处于中国新一轮经济增长周期的开始和股市长牛的起点；由于坚决不离不弃地采用了英明和富有远见的价值投资策略，我们手中的股票早已是几倍、十几倍，甚至数十倍地增长；而如今，自己也早已因为股价的倍乘效应而成为长牛市的最大赢家，现在正幸福快乐地的生活着。"（注：程超泽，"迎接伟大的投资时代"，http://840924.blog.sohu.com，2006 年 11 月 26 日）

维特·倪德厚夫（Victor Niederhoffer）

● 在恐慌期间，经纪商大规模倒闭，随之而来的是市场的底部。

● 杂志上的文章也宣称世界末日来临时，我知道这时正该进场。

● 照一般人那样在股票上赌博，绝对是错误的。

后记　后长牛时代的价值投资宣言

## 作者跋　我的几次成功大预言

　　我是专事趋势研究分析的，尤其是对中国经济进行大趋势研究分析的学者。从 20 世纪 90 年代中我出版第一本争议性专著《走出山坳的中国》（深圳：海天出版社，1995 年）以来至今，我的趋势预测分析成果累累。除了上述《走出山坳的中国》以外，代表作有：《亚洲怎么了：亚洲金融风暴的全景透视》（上海：上海人民出版社，1998 年），《世纪之争——中国：一个经济大国的崛起》（北京：新华出版社，1998 年），《中国经济：崩溃还是成长》（南京：江苏人民出版社，2003 年），《告诉你一个真实的中国经济》（上海：上海交通大学出版社，2004 年），《中国经济增长之谜》（上海：上海交通大学出版社，2004 年），《大拐点：站在中国大牛市的起点上》（上海：上海东方出版中心，2004 年），《大财五年：抓住你一生中最好的投资机会》（北京：北京大学出版社，2007 年），以及《警惕！中国股市虚拟大崩盘》（北京：北京大学出版社，2007 年）等，都是中国广大读者耳熟能详的图书，它们的出版为我对过去发生或正在发生，并还将发生的中外一系列经济大事件的正确预测作了有力的佐证。

　　——20 世纪 90 年代初期，在有关中国经济未来走向的经济学术讨论中，《河殇》、《山坳里的中国》曾经因为它们的悲观论点而在国内外出现洛阳纸贵的现象。几乎就在同时，我写下了那本著名的《走出山坳的中国》，驳斥悲观派对中国经济"盛世危言"式的描述。就在这本在国内有着影响的代表作里，我成功预言中国经济还将持续高速增长，中国经济这艘航空母舰非但不会像国内外那些悲观经济学家所说的那样要下沉、崩溃，而且还会全速前进。我在书中指出：

"本书的作者则'大胆假设，小心求证'地提出：21世纪将最终形成'中国世纪'！ 1978年改革开放以来，中国经济增长率一直以平均9%以上速度发展，按照对中国和目前经济总量世界排名前九位的未来经济增长率、国内生产总值以及中国人均国内生产总值进行预测，我们得出以下基本结论：中国国内生产总值将于2005年超过法国；2006年超过英国；2012年超过德国；21世纪20年代超过日本，成为世界第二经济大国；21世纪50年代超过美国，成为世界第一经济大国，跃上世界之最，'一览众山小'。"（第6页）

自1995年《走出山坳的中国》出版以来，中国经济十多年的走势，有力验证了我当时孤独却非常前卫的观点。我在书中预测的中国经济总量的"赶超"进程甚至在年份上都和现实非常吻合。事实是：2005年中国国内生产总值超过法国，2006年超过英国。2012年、21世纪的20年代和50年代虽然还没有到，但时间将进一步证实我在书中描述的观点。

1997年，亚洲金融危机全面爆发。危机是在该年7月最先在泰国发生的，然后迅速向周边国家及地区蔓延，危机波及之广、危害之惨烈，令全球震惊。由于是世界大题材，我很快就关注起亚洲金融危机来。1998年年初，我的《亚洲怎么了：亚洲金融风暴全景

透视》一书在上海人民出版社出版。就在这本开全国分析亚洲金融危机先河的书中，我放言美国经济行将猛烈下挫。同年年中，我因为本书出版的缘故，应邀在上海东方电视台财经频道做客，表达了同样观点。就在我上述图书出版不久，从 2000 年起美国经济危机便成为 21 世纪初世界最大的新闻主题之一。美国著名硅谷热引发的 21 世纪初美国经济危机和倒退是其中的最根本原因。就是从这场危机开始，国际上开始流行起"美国打一个喷嚏，全球就伤风感冒"的说法来。这一次美国经济和股市金融危机一直影响了 21 世纪最初前 5 年的全球经济。

2004 年，就在中国股市处在最低迷的时候，我的《大拐点：站在中国大牛市的新起点上》一书在上海东方出版中心出版。我在书中写道：

"本书的作者认为，中国经济增长内生性变量不断增加，要素生产率和全民发展指标稳步提高，重大经济结构性转型日渐突出。实施全面、协调、可持续发展战略，中国经济开始步入新一轮的成长周期。我们已经感到：中国经济正运行在增长性长波轨迹上，一轮气势磅礴的股市反转大行情正向我们悄然逼近。"（第 13 页）

"中国正在兴起新一轮的经济景气周期，如果你不知道中国已经，或正在兴起的大事，那你就等于坐失一次长期参与分享中国经济上升时期发展大红利的千载难逢的良机。"（第 14 页）

"本次扑面而来的大牛市概念不仅是过去 14 年里发生的局部牛市，行情不超过 3 年，而且是更大级别，却又不同于过去的大牛市概念，它的时间超过 5 年，甚至可能超过 10 年，达到一代人时间。"

（第 244 页）

"大牛市的到来不是一蹴而就的，牛市初期甚至非常折磨人，股市即使具备了所有牛市条件，也仍需要若干契机，这里面也有很多偶然因素和不确定因素。大盘在反复走高的过程将伴随着市场主力的不断高位宽幅震荡，但每一次主力意图明显的高位洗盘都意味着诱空，其目的只有一个，那就是为了获取更多长期锁定的战略筹码。只要中国经济持续高速增长趋势不变，大盘振荡攀升的趋势将一直不会改变。因此，前进中的股指回抽所造成的短期背离在中长期走势中必将得到不断充分修复。中国股市在未来历程中也将发生各种大小波折，但这些波折将成为进一步推高中国股市健康规范发展的动力源泉。"（第 245 页）

"如果投资者从现在起就进行前瞻性的、周密的战略部署，买入指数基金并长期耐心持有，不拘泥于股指短期的涨涨跌跌，那么，到 2015 年，当中国股市攀升到历史巅峰的时候，像美国、日本和香港股指一样，中国股指攀升到万点大关不是梦，你会惊异地发现，你手中的所有股票早已几倍、十几倍，甚至数十倍的增长，届时，'倍乘效应'将造就像你这样的大富豪。"（第 245 页）

呐喊是需要勇气的。可在 2004 年股市还万马齐喑时，我却感到太势单力薄了，呐喊也至此被淹没在一片"中国股市崩溃"的嘈杂声浪中。连我的许多经济学同仁在当时也对我"股市大拐点"观点大不以为然，说我是"痴人说梦话"。其实，《大拐点》书稿在 2004 年 5 月已经完稿，在征求出版时因为被出版社普遍不看好而几经周折。

**威廉·奥尼尔** (William J.O'Neil)

● 一种保证你最终亏钱、令你伤心的方法是买股价下跌的股票。

● 投资者因为股票红利高或是因为市盈率低而买入第二流的股票。

● 投资者对税和佣金顾虑过多，要知道你关键目标首先在于获得净利。

伟大投资时代的价值守望

开写《大财五年：抓住你一生中最好的投资机会》书稿是 2005 年年中的事。到 10 月中，书稿已进入润色最后竣工阶段，可出版却成了我最感头痛的事。我在专门经营书讯、书稿交易的网络 Bookb2b.com 上刊登征询图书出版信息，可在很长一段时间里却没有任何信息反馈，从一个侧面反映了处在黎明前最黑暗的中国股市的现状。没有股市行情，又何来感兴趣读《大财五年：抓住你一生中最好的投资机会》书的读者？！没有读者，以赢利为目的的出版社或出版商又怎么愿意花血本来出版这样的图书呢？

我决定另开蹊径，这才有了 2005 年 12 月 22 日我在搜狐自己的博客上写下的"大繁荣：碎步走向超级长牛市"的博文。文章将《大财五年：抓住你一生中最好的投资机会》书稿中最精华部分做了一次清晰陈述。该文很快就被各大著名网络相继转载，其中包括人民网、东方财富、中金论坛等。在这篇博文里，我是这样描述行将到来的长牛市行情的：

"我们现正处在中国历史上，甚至是世界历史上经济增长和进步最快的一个五年，它的基础是由一些很简单的人口与经济统计学趋势所决定的。中国农村的城镇化趋势，农村劳动力向非农业转移、中部地区崛起、2008 年北京奥运会、2010 年上海世博会，以及 2006 年～2010 年由庞大人口消费及其引发的高生产效率等，都将使中国迎来世界历史上一次最长的经济景气周期。同时，我们现在看到的技术革命是自电力、汽车和电报电话发明以来最重大的一次，它是一次由芯片产生的信息革命，这也许是自人类 15 世纪后期印刷术发明以来最为重大的一次全球性变革，它在未来五年的发展过程远还没有到达到应有的高度。而当前世界上重大新技术的出现，又无一不与中国庞大的人口生命周期相耦合，与中国产业改造相耦合，与中国'十一五'规划相耦合。鉴于上述，我们相信，在未来五年，人们将在中国看到世界历史上最大一次股市超级长牛市过程，当然在五年后我们也免不了亲眼目睹一次最大股市萧条期的到来。"

在同样的博文里，我甚至预测了 2007 年初至年中时段里的股市调整：

"从 2006 年年末至 2007 年年中，中国股市可能有短暂但剧烈的下跌，特别是当央行为过热经济可能再次收紧银根时更是如此。但我们认为，如果真有这样的下跌，周期应不会太长，因为这只是一次超级长牛市途中的千金难买的重要技术调整，调整是为市场发动更大行情做准备的。如果投资者确实认识了这样一次下跌的实质，将预示着中国股市中又一次重大买入机会的到来。从 2007 年中期开始，中国政府于 2006 年正式倡导的建设社会主义新农村运动经过一年有余的落实、实施，其效应开始逐渐显现，这种效应将随着时间推移日益明显，中国经济将再一次表现出强劲的增长势头。我们预计，从 2007 年年中开始，中国股市和经济都将表现出强劲的上升势头，这主要是由于中国新农村运动、城市化加速以及中部崛起等因素拉动中国重点工业快速发展和基本建设强烈复苏使然。同时，随着中国房地产热不断降温，会有越来越多的投资人将原来囤积在房地产市场的巨额资金抽出来投放到股市中去。2006 年 12 月 10 日，央行发布《2006 年金融稳定报告》，对国内金融业现状及货

威廉·奥尼尔（William J.O'Neil）

● 一种保证你最终亏钱、令你伤心的方法是买股价下跌的股票。

● 投资者因为股票红利高或是因为市盈率低而买入第二流的股票。

● 投资者对税和佣金顾虑过多，要知道你关键目标首先在于获得净利。

币政策的执行情况等进行阐述，并首次对房价下跌可能引发的金融风险做出预警。对此，我们有理由相信，央行发布的此次预警信号，表明了楼价已处于高位状态，在引发金融危机的预警下，意味着宏观调控将更加严厉，楼市也将出现拐点向下的大趋势。同时，越来越多的国际游资因为人民币加速升值而从各种渠道蜂拥进入中国股市，使得本来已大幅攀升的中国股市又由于源源不断的国内外增量资金的介入而被推向一个更高的高度。我们预期，上证综合指数将在 2007 年下半年创下历史新高，表明中国股市将进入一个新的发展里程碑。

从 2007 年底到 2008 年，是中国股市借奥运会题材发挥的又一次重要上涨期。这是一次中国超级长牛市阶段中的中继高潮。越来越多早年踏空或因为吃了 21 世纪初那几年熊市亏而一直以熊市思维看待中国股市的人终于幡然醒悟，他们按捺不住一再踏空的焦虑心情，蜂拥杀入市场，给这个中继股市增加了再次推升的巨大动力。由'奥运会热'引发的'中国热'将惯性滑行到 2010 年，在这期间，越来越多的国际友人通过奥运会转播以及广泛的互联网等信息，惊异地发现'中国新大陆'，从而推动一波更强劲的'中国旅游热'。

2010 年又逢上海世博会召开，真是好戏连台！2008 年到 2010 年这三年应当说是中国五年超级长牛市的当红年份，中国超级长牛市也将进入到一个新的高峰。由所有一系列重大经济事件引发的中国乃至世界历史上最大一次投资狂潮，将直接影响到和基建相关的钢铁、水泥、能源、高速公路、航空以及家电、消费、商业、旅游等产业的蓬勃发展。由于供不应求，上游产品价格不断被推高，而世界能源紧缺又引发价格大幅上涨。所有这些，都将使中国通货膨胀率再次上升。2008年底到2010年，中国经济大繁荣和大泡沫相伴相生，一些和这次经济长周相关的股票都将带头发力上攻，尽管那时通货膨胀率会不断上升，从而使央行加大收紧银根的力度，但同时，各种经济周期带来的强大后劲也在风推火势、火助风威地将中国股市推向一个高不可攀的历史巅峰。"

2007年1月，我的图书——《大财五年，抓住你一生中最好的投资机会》，连同另一本倡导和宣扬价值投资的重要图书——《长牛市：改变炒法，获利百倍的价值投资法则》联袂在北京大学出版社出版。感谢北大出版社给我一次不可多得的完整表达和论述中国长牛市和价值投资观点的机会，我想说，这两本书给中国市场树立长牛市和价值投资的思维方式，其影响力无疑是深远的。

预见是要冒信誉危机风险的，而正确预见更是非常非常难。我在《大拐点：站在中国大牛市的新起点上》和《大财五年，抓住你一生中最好的投资机会》书中预言的"超级长牛市"还在现在进行时，并还有将来进行时。无论是2004年我的《大拐点》一书、2005年年底和2006年年初我的撰文预言，还是后来将这些预言放入我的《大财五年：你一生中最好的投资机会》的图书中去，有一点至少是颇为肯定的，即中国股市过去两年的坚挺走势，已部分验证了我的"大牛市和长牛市"观点，我无疑也成为了中国国内最早成功预测中国大牛市和长牛市，并提倡价值投资的学者。

中国股市走到今天，再一次来到了亟需经济学家站出来重新对未来走势进行盘点式再梳理的十字路口，以正确引导渴求这类股市

威廉·奥尼尔(William J.O'Neil)
●一种保证你最终亏钱、令你伤心的方法是买股价下跌的股票。
●投资者因为股票红利高或是因为市盈率低而买入第二流的股票。
●投资者对税和佣金顾虑过多，要知道你关键目标首先在于获得净利。

趋势分析的广大投资读者。就像时间将检验我关于"中国大牛市、长牛市"预言的应验力一样,时间也将检验我在这本新书中关于"守望后长牛市,投资价值蓝筹"的观点。

程超泽

二零零八年一月八日